O MILAGRE DO PAPA

Saverio Gaeta

O MILAGRE DO PAPA

Tradução
Ricardo Sangiovanni

Título original: *Il Miracolo di Karol*
Copyright © 2010 by Saverio Gaeta

Todos os direitos reservados. Nenhuma parte desta obra pode ser reproduzida ou transmitida por qualquer forma ou meio eletrônico ou mecânico, inclusive fotocópia, gravação ou sistema de armazenagem e recuperação de informação, sem a permissão escrita do editor.

Direção Editorial
Jiro Takahashi

Editora
Luciana Paixão

Editor assistente
Thiago Mlaker

Assistente editorial
Bruno Tenan

Preparação de texto
Albertina Piva

Revisão
Cecília Medeiros
Ivan Sulivan

Assistente de criação
Marcos Gubiotti

Imagem de capa: © Getty Images

CIP-Brasil. Catalogação-na-fonte
Sindicato Nacional dos Editores de Livros, RJ

G123m   Gaeta, Saverio, 1958-
        O milagre do papa / Saverio Gaeta; tradução Ricardo Sangiovanni.
    – São Paulo: Prumo, 2011.

        Tradução de: Il miracolo di Karol
        ISBN 978-85-7927-162-5

        1. João Paulo II, Papa, 1920-2005. 2. Canonização. 3. Igreja Católica
    – História. I. Título.

11-7293.

CDD: 922.21
CDU: 929:2-725

Direitos de edição para o Brasil: Editora Prumo Ltda.
Rua Júlio Diniz, 56 – 5º andar – São Paulo/SP – CEP: 04547-090
Tel.: (11) 3729-0244 – Fax: (11) 3045-4100
E-mail: contato@editoraprumo.com.br
Site: www.editoraprumo.com.br

Sumário

Introdução 7

1 "Santo já": finalmente é realidade 13

2 O milagre da beatificação 37

Apêndice
Entrevista com o cardeal José Saraiva Martins 57

Cronologia sintética da vida de Karol Wojtyla 89

Oração para implorar graças
por intercessão de João Paulo II 103

Introdução

Talvez se considere somente uma curiosidade estatística, do tipo "Guinness dos primados eclesiásticos", mas, em todo caso, a beatificação de João Paulo II é certamente a mais veloz na pluricentenária história dos processos canônicos.

Com a cerimônia presidida na praça São Pedro por Bento XVI no dia 1º de maio, o Papa Wojtyla tornou-se, de fato, beato após somente seis anos e vinte e nove dias de sua morte, ocorrida no dia 2 de abril de 2005, superando assim madre Teresa de Calcutá, que foi elevada à honra do altar no dia 19 de outubro de 2003, seis anos e quarenta e quatro dias de seu desaparecimento em 5 de setembro de 1997.

Do ponto de vista espiritual, a data de 1º de maio – festa da Divina Misericórdia – foi a melhor escolha para celebrar o Pontífice que trouxe de volta à luz uma devoção solicitada pelo próprio Cristo à santa polonesa Faustina Kowalska. Sendo uma festa móvel (por ser ligada à Páscoa, que a precede em uma semana), naquela triste noite do dia 2 de abril de 2005 a liturgia havia começado a celebrar exatamente essa solenidade.

A cerimônia é o reconhecimento oficial de um longo caminho iniciado no próprio dia do funeral do Papa, quando, na praça São Pedro, uma grande quantidade de cartazes exaltando "Santo já!" oferecia um testemunho vivo do tom universal que por fim adquiriu a fama de santidade de João Paulo II. Uma fama alimentada pelo tanto que, ao longo de décadas, milhões de fiéis no mundo tinham aprendido a conhecer de seu amado pastor: sua fé devota e tenaz, a prática das virtudes a níveis extremos, a corajosa aceitação do sofrimento como cruz a carregar nas costas, à imitação de Cristo, e o amor incondicional e solícito pelo seu próximo.

Para a Igreja, porém, não são suficientes manifestações genéricas de estima e veneração para que um homem ou uma mulher venham a ser elevados à honra dos altares. Em vez disso, é indispensável um minucioso e articulado trabalho de pesquisa e avaliação de provas e documentos, por meio dos quais os méritos do candidato possam ser corroborados. É nesse cansativo percurso que consiste uma causa de beatificação, deixada a cargo de prestigiosos órgãos eclesiásticos que se valem do contributo precioso de especialistas, mas também da participação de simples fiéis chamados a oferecer os próprios depoimentos, que, no caso de João Paulo II, foram milhares.

Com o anúncio do Papa Bento XVI, que dispensava a abertura da causa de beatificação de João Paulo II dos cinco anos regulamentares de espera após a morte, no dia 18 de maio de 2005, dia em que o Pontífice teria completado 85 anos, o cardeal Camillo Ruini, vigário de Sua Santidade para a diocese de Roma, convidou os fiéis a comunicar "todas

O MILAGRE DO PAPA

aquelas notícias das quais se possam, de qualquer modo, arguir elementos favoráveis ou contrários à fama de santidade do servo de Deus".

No dia 28 de junho seguinte abriu-se, portanto, em Roma a investigação sobre a vida, as virtudes e a fama de santidade do Papa Wojtyla. Um processo análogo foi inaugurado poucos meses mais tarde pelo cardeal de Cracóvia, Stanislaw Dziwisz, e a esse se juntou um outro, aberto em Nova York, para acolher o testemunho de um cidadão americano. Mais de cem foram as vozes ouvidas nessas sedes, que se somaram a outras contidas nas milhares de cartas enviadas à Postulação por fiéis de todas as partes do mundo.

O exame acurado desse rico material documental, do qual emergiu um retrato vívido e inédito de João Paulo II, consentiu à Junta dos teólogos estabelecer o heroísmo de suas virtudes – fé, esperança, caridade, mas também prudência, justiça, fortaleza, temperança e, ainda, castidade, pobreza e obediência – confirmado por Bento XVI no dia 9 de dezembro de 2009.

Para a admissão ao grupo dos santos é, porém, necessário que as avaliações feitas pelos homens sejam de algum modo convalidadas por uma espécie de emblema divino, o milagre, que deve se verificar após a morte do candidato e que, vale precisar, não é por si só suficiente para certificar sua santidade: somente após ter sido apurada a existência heroica das virtudes é que se leva em consideração o acontecimento inexplicável atribuído à intervenção do candidato junto de Deus. E, mesmo nesse caso, a Igreja procede com um cauto e minucioso trabalho de investigação e avaliação antes de se pronunciar.

Entre os muitos depoimentos de graças recebidas por intervenção de João Paulo II, que chegaram à Postulação após o anúncio do cardeal Ruini, o caso da irmã francesa Marie Simon Pierre Normand, curada do mal de Parkinson, distinguia-se com evidência, por estar apoiado por uma documentação médico-científica de indubitável credibilidade. Analisadas no dia 21 de outubro de 2010, as detalhadas perícias médico-legais sobre o caso, junto com outros atos da investigação canônica, induziram os especialistas da junta médica da Congregação para as Causas dos Santos a pronunciar-se em favor da inexplicabilidade da cura.

Depois de terem visto as conclusões dos especialistas, os consultores teólogos procederam, no dia 14 de dezembro seguinte, à avaliação teológica do caso, reconhecendo por unanimidade a intercessão de João Paulo II. No dia 11 de janeiro de 2011 teve lugar, então, a sessão extraordinária dos cardeais e dos bispos da Congregação, ao término da qual foi emitida uma unânime sentença afirmativa, confirmada por Bento XVI no dia 14 de janeiro de 2011.

O reconhecimento oficial do milagre pôs fim a uma série de ilações que haviam acompanhado a causa de beatificação de João Paulo II após a aprovação do heroísmo de suas virtudes.

Ao longo do ano de 2010, de fato, médicos e órgãos de imprensa internacionais haviam incautamente manifestado dúvidas sobre a possibilidade de que uma cura de tal doença neurológica fosse declarada prodigiosa. Na verdade, a Congregação para as Causas dos Santos já havia chegado anteriormente a uma certeza moral nesse sentido, declarando miraculosa, em 2003, a inexplicável cura de uma patologia diagnosticada como "síndrome extrapiramidal de tipo parkinsoniano degenerativa" que contribuiu para a beatificação, em 25 de abril de 2004, da mística portuguesa Alexandrina Maria da Costa.

Opondo ao clamor vazio das polêmicas jornalísticas um rigor analítico irrepreensível, que levou a investigação a se alongar por um tempo muito maior do que o normal em casos de beatos bem menos notáveis em nível mundial, a Junta Médica da Congregação, presidida pelo professor Patrício Polisca (médico pessoal do Papa e diretor dos Serviços de Saúde da Cidade do Vaticano), conduziu um trabalho meticuloso que não deixa espaço a dúvidas e objeções. "Nenhum desconto foi feito aos procedimentos e às apurações", garantiu o padre Federico Lombardi, diretor da Sala de Imprensa do Vaticano.

Após a proclamação de sua beatitude, segundo a tradição, João Paulo II não repousa mais nas Grutas Vaticanas, mas sim no interior da Basílica de São Pedro, na nave direita. Sem que fosse aberto o caixão para exumação (o que em geral acontece no momento da canonização), a tríplice caixa onde se encontra o corpo de Karol Wojtyla foi transportada para a capela de São Sebastião, entre a capela da Pietà e a capela do Santíssimo Sacramento, em um vão fechado por uma simples lápide de mármore com as palavras: *Beatus Ioannes Paulus II*. Ali, seus milhões de devotos podem continuar a visitá-lo todos os dias e implorar por sua intercessão por um novo milagre que o levará a ser declarado definitivamente santo.

1

"Santo já":
finalmente é realidade

ᔕᑫᔓ

Na homilia do funeral de João Paulo II, no dia 8 de abril de 2005, o então cardeal Joseph Ratzinger pronunciou palavras inequívocas: "Podemos estar seguros de que o nosso amado Papa está agora da janela da casa do Pai, nos vê e nos abençoa". Poucas semanas mais tarde, já como Papa Bento XVI, confirmou a própria convicção no discurso de 29 de maio em Bari: "Sentimos que ele está perto de nós e conosco glorifica o Cristo, bom Pastor, que ele pode enfim contemplar diretamente".

Aquelas palavras que, apesar de importantíssimas, eram então simples opiniões pessoais, agora se tornaram certezas para a Igreja. Ao proclamar João Paulo II beato, as competentes autoridades vaticanas e o Papa Bento XVI, em primeira pessoa, declaram-se substancialmente persuadidos de que ele está realmente no Paraíso e se encontra entre os que, como diz a teologia, têm "a visão beatífica de Deus". Isso foi explicitamente confirmado, em uma entrevista, do cardeal Angelo Amato, prefeito da Congregação para as Causas dos Santos: "A proclamação de um beato faz parte do magistério ordinário e infalível do Pontífice: portanto, nós devemos fazê-lo de modo que não haja qualquer possibilidade de erro".

A morte parece não ter arranhado a extraordinária intensidade que dava calor ao diálogo entre o pastor e a sua Igreja. A tumba de João Paulo II é ainda hoje meta de milhares de pessoas provenientes de todas as partes do mundo, que pretendem assim render uma homenagem a um homem que as acompanhou na vida por mais de um quarto de século. Todos os dias, miríades de cartas e bilhetes são depositadas ao lado daquilo que uma devota definiu como "uma simples lajota de mármore, que parece, porém, conter em si toda a potência do mundo, a melhor parte dos homens e da História". Tantos outros escritos chegam ainda pelo correio, com os endereços mais estranhos. Até agora o mais curioso certamente é o de uma menina que escreveu no envelope: "Para João Paulo II. Rua do Céu. Paraíso".

Todo esse material, junto com cartas enviadas pelo correio pelos fiéis, foi examinado pela Postulação, sob a responsabilidade do monsenhor Slawomir Oder, que o selecionou e submeteu à ponderada avaliação. Ao lado de muitíssimos documentos que exprimem um agradecimento a Deus pela dádiva desse grande Papa, sobretudo nos primeiros tempos após a morte de Wojtyla, e dos numerosos sinais de iniciativas caridosas, culturais ou de oração iniciadas em sua memória, destacam-se os testemunhos das graças recebidas, de recuperação espiritual e de cura física.

O MILAGRE DO PAPA

Sobre essas cartas, o trabalho de Oder e dos seus colaboradores se deteve, com particular cuidado, na perspectiva de individuar entre as tantas histórias entregues a eles pelos fiéis aquelas mais dignas de atenção, por estarem acompanhadas de um adequado conjunto de provas. Todas, porém, encontraram respeitosa acolhida e escuta por parte da Postulação, da mesma forma que encontravam acolhida e escuta junto de João Paulo II aqueles que o procuravam em busca de conforto ou suporte.

Para mim, são todos indivíduos.

Nenhuma voz deixava de ser escutada. A todos aqueles que lhe escreviam, de fato, era dada uma resposta pessoal, naturalmente através dos escritórios da Secretaria de Estado, na qual substancialmente se dizia: "O Papa tomou conhecimento do seu problema e orou por você". Frequentemente, após algum tempo chegava ao Vaticano uma nova carta com o testemunho de que a graça havia sido obtida.

Uma carta por todas, a de Elzbieta, enviada da Polônia em outubro de 2004: "Te sou grata, Santo Padre, pelo rosário recebido de ti para meu marido doente. Para ser sincera, não pensava que o meu pedido chegaria às tuas mãos. Os médicos não davam nenhuma possibilidade de cura. O diagnóstico era claro: câncer, quimioterapia imediata. Meu marido sofria também de inflamação nos pulmões, anemia, desidratação do corpo, a sua temperatura não baixava dos 40 graus. 'Não sei se chegará até amanhã', ouvimos o médico dizer".

Prossegue o depoimento angustiado: "Tínhamos começado a rezar; acreditava em uma melhora. Vivíamos com essa esperança: se conseguirmos receber o rosário do Santo Padre, meu marido será curado. Naquele dia, meu marido devia submeter-se a uma terapia de alto risco e à tarde o carteiro trouxe um envelope do Vaticano: era o rosário... Foi um momento inesquecível! Meu marido agora está muito bem, não precisa mais se submeter à quimioterapia. Não se separa nunca do rosário; rezamos juntos todos os dias, com toda a família. Rezamos para o Santo Padre e para todos aqueles que estiveram ao nosso lado naqueles dias difíceis, e agradecemos a Deus".

Efetivamente, o Papa Wojtyla tomava conhecimento de cada caso através de folhetos que eram deixados sobre seu genuflexório, de modo que o comunicado de que ele tinha rezado não era uma piedosa mentira, mas sim a verdade.

O seu atencioso encarregar-se do destino do próximo atingia uma sensibilidade refinada que frequentemente revelava aos seus olhos as dobras mais íntimas da alma alheia. Conta um pároco romano: "Numa ocasião me estendeu a mão e me disse: 'Não se preocupe, tudo vai correr bem'. E eu não tinha dito sequer uma palavra, mas efetivamente tinha no coração um problema que me preocupava. Depois aquela coisa se resolveu positivamente".

Seu olhar amoroso tocava profundamente quem se aproximava dele, que abraçava em sua humanidade os milhares de pessoas que se amontoavam nas praças de cada parte do mundo para encontrá-lo. A quem lhe perguntava com qual sentimento se achegava às multidões que se apresentavam diante dele nas cerimônias públicas, respondia: "Eu jamais encontro multidões. Para mim são todos indivíduos".

Muitos fizeram dele um referencial afetivo sobre o qual projetavam as próprias necessidades de escuta e de amor. Mesmo quando não tinham fé. Demonstração disso é a dramática carta deixada sobre sua tumba por uma prostituta: "Eu não vou à missa, não sei rezar, mas na minha vida nunca fiz nenhum mal, e ainda hoje estou me sacrificando pelos meus filhos. Papa, não é bonito ser prostituta. Te peço, Papa, fique perto de mim. Te peço, faça com que me volte a fé. Eu continuo a falar contigo. Te quero bem".

Significativas são, pois, as cartas de não católicos, que revelam como a fúlgida grandeza espiritual e humana de João Paulo II foi reconhecida até mesmo por quem não partilhava sua experiência de fé. Uma jovem mulher muçulmana, por exemplo, filha do diplomata de um Estado islâmico reconhecido junto à Santa Sé, recorda como em várias ocasiões, desde menina, acompanhou os pais em visitas ao Papa, e como ele sempre teve a bondade de curvar-se para ela, de brincar com ela, de mostrar-lhe toda a ternura da sua paternidade.

Do mundo hebraico chegou à Postulação o e-mail de um homem que, impotente diante da gravíssima doença da netinha, dirigiu-se a João Paulo II, obtendo a cura da pequenina. Um outro judeu escreveu dos Estados Unidos dizendo não saber o que era a santidade católica, mas olhando esse homem lhe parecia evidente tratar-se de um santo. A essas pode ser juntada uma carta em hebraico de uma jovem garota que descreveu a própria história de conversão ocorrida depois de ter conhecido João Paulo II e o seu magistério.

Também dos protestantes e dos ortodoxos chegaram muitos testemunhos, como o de um pastor luterano que, tendo encontrado como representante da própria comunidade o Papa em Roma, confessou-lhe ter sido afetado por um tumor maligno: Wojtyla respondeu-lhe que rezaria por ele, e o tumor desapareceu.

Quando se fazia referência a curas prodigiosas que lhe eram atribuídas, João Paulo II comentava: "Não sou eu quem faz os milagres. Quem os faz é Deus, eu apenas rezo", ou ainda: "Por que você se maravilha? Não sabe talvez que Nossa Senhora pode fazer milagres ainda hoje?".

Perder um "pai", encontrar o caminho

A onda emotiva que se ergueu em todo o mundo após o anúncio da morte de João Paulo II teve sobre a vida de muitas pessoas um efeito avassalador.

Entre os tantos testemunhos, há o de Tomek, que cumpre pena de quinze anos em um cárcere polonês: "A um certo momento o apresentador de televisão disse que provavelmente o

O MILAGRE DO PAPA

Santo Padre estava morto. As lágrimas desceram sobre minha face. Me dei conta de que o Papa esteve muito perto de mim e que amava aquele homem extraordinário. Começava a me acontecer qualquer coisa de inexplicável. O calor que atravessava meu coração e as lágrimas que o acompanhavam. Não esqueço as palavras que disse naquele momento: 'Perdoa-me, Jesus Cristo, e você também, Santo Padre'. Rogava a Jesus que abraçasse o Papa. Tantos pensamentos e sentimentos nasceram em mim, junto com o desejo de dar aos outros bondade e amor. Mas para poder realizar tudo isso, ouvia dentro de mim uma sugestão: devia confessar a Deus os meus pecados. Não escondo, era muito difícil. Assim, escrevi os pecados num pedaço de papel, para não esquecer nada. A confissão levou um longo tempo. Primeiro foram as lágrimas, depois veio a alegria e a leveza no coração. No dia da morte de João Paulo II, Deus lhe deu um último encargo: abrir-me a porta para a nova vida, a vida em Jesus Cristo".

Já Maria Luigia conta de seu irmão, zangado com Deus por ter recebido uma grave lesão nas pernas: "No dia 25 de abril de 2005, tive que interná-lo no hospital após um infarto muito sério. Não havia possibilidade de cura ou de melhora. Os médicos não deram nenhuma esperança, pois o coração dele só tinha funcionalidade de cerca de 10%. Dino quis ficar a par de sua patologia, sabendo, portanto, o que o esperava. No segundo dia de convalescência, disse-me que gostaria de ter um funeral com a santa missa na capela do hospital. Fiquei muito admirada com o pedido e respondi: 'Você quer a santa missa, mas não crê'. Ele insistiu: '*Mah*, sabe como é, uma missa...'".

Prossegue a história: "A esse ponto, repliquei que antes ele deveria falar com um sacerdote, se confessar... Ele aceitou imediatamente minha proposta e o pároco chegou poucos minutos depois. Dino o cumprimentou com muita cordialidade, rezamos juntos e o capelão lhe deu a unção dos enfermos. A este ponto, meu irmão disse-lhe: 'Padre, o senhor sabe desde quando eu creio?'. 'Desde quando?' 'Desde o dia da morte do Papa, porque vi que ele levou seu sofrimento até o fim da vida. Eu creio e vou à casa do Pai!' Enquanto ele pronunciava essas palavras, seus olhos se iluminaram. A morte do Santo Padre tinha tocado seu coração endurecido como pedra, em todos aqueles anos vividos como pecador, amolecendo-o e já plasmando-o na fração daqueles poucos dias. Meu irmão morreu dez dias depois, no dia 5 de maio, com a idade de 55 anos, na graça de Deus".

Sobre a tumba do Papa Wojtyla foi encontrada a carta de uma anônima jovem polonesa que conta ter se afastado da fé na adolescência, tomando uma estrada escurecida pela dependência do álcool e das drogas: "No dia 2 de abril de 2005, durante o telejornal, pela primeira vez após muito tempo, tive a impressão de despertar da letargia em que vivia. Com a notícia da morte de João Paulo II, senti um grande pesar, dor e tristeza. Chorei pela primeira vez e alguma coisa se quebrou dentro de mim. De repente encontrei no jornal um anúncio que convidava a fazer um curso de voluntariado nos hospícios. Embora ainda sofresse de alcoolismo, algo me chamava a fazer esse curso. No dia 16 de outubro de 2005, participei da santa missa e depois da celebração escutei dentro de mim uma voz: 'A partir de hoje, você não pode mais beber'. A partir daquele momento, desapareceu a necessidade de álcool e de drogas. Terminei minha terapia. Aos 34 anos me foi dada uma nova vida, e sei muito bem que João Paulo II estava me assistindo".

Da Alemanha vem o depoimento da filha de uma condessa alemã, descendente de uma nobre família que possuía vastos terrenos na Silésia, na Polônia sul-ocidental. Em dezembro de 1945, a mãe foi obrigada a fugir da Silésia e foi expropriada de todos os seus bens, entre os quais dois castelos. Desde então, em seu coração morava um profundo ódio contra os poloneses, que nada conseguia apagar. Sua filha escreveu: "Minha mãe teve diversas chances de escutar as meditações nas quais João Paulo II convidava todos os fiéis ao perdão e à reconciliação. Aos poucos, aquelas palavras abriram uma brecha nela e, antes de morrer, sua alma se reconciliou. Não havia mais ódio em seu coração".

De diferente teor é o relato de Daniela: "Sou mãe de duas crianças e, em julho de 2000, escrevi ao Santo Padre por que, divorciada e casada novamente, não poderia participar dos sacramentos. A carta não era muito gentil e, ainda que soubesse o grande valor dos sacramentos, perguntava-me como poderia explicar aos meus filhos, quando participassem da primeira comunhão, por que eu e o pai deles não podíamos recebê-la. O Santo Padre, para meu grande espanto, me respondeu, orou por mim e pela minha família. Eu não rezava e não participava nem sequer da Missa de Natal, não queria imagens sacras em casa, mas repentinamente comprei a Bíblia e comecei a lê-la. Desde aquele momento iniciou-se um caminho no qual tive encontros especiais que me levaram a pedir a anulação do casamento anterior. Em outubro de 2005, celebramos o sacramento do matrimônio. Não se trata de uma milagrosa cura física, mas para mim e para quem me conhece esse é um grande milagre obtido graças à intercessão da oração de João Paulo II".

Em busca da vocação

Naqueles dias de dor no início de abril de 2005, muitos jovens encontraram dentro de si a coragem de pôr em discussão a própria vida, de interrogar-se serenamente sobre que direção tomar.

"A minha vocação aparece na noite em que me vi fazendo fila para participar do funeral do meu caro padre Karol", escreve Fabio. "Com outros amigos, encontramos, entre tantos poloneses deitados no chão, alguns sacerdotes muito jovens que olhavam aturdidos as nossas acrobacias para procurar achar um lugar mais próximo aos vãos entre as colunas. Foi

O MILAGRE DO PAPA

assim que nos unimos em grupo para passar algumas horas juntos a rezar. Me veio a ideia de tirar da mochila alguns rosários, e foi ali que aqueles sacerdotes poloneses leram nos meus olhos um certo carisma e me perguntaram se eu era seminarista. Respondi que não, que não podia sê-lo porque era pecador e porque para ser sacerdote seria preciso ser santo. Eles, com igual carisma, com um grande sorriso e com muita doçura, me convidaram a refletir e me disseram que tentasse, porque havia um ano de teste e de discernimento. Bem, em suma, para mim foi uma bela conversa: de fato, hoje me encontro no seminário na minha diocese de origem e espero poder terminar os estudos e me tornar sacerdote".

Outro jovem, Andrea, conta que, um mês depois da morte de João Paulo II, um amigo lhe propôs que o acompanhasse até a Polônia para visitar os lugares caros ao Santo Padre: "Marcamos o dia da partida, os lugares a visitar e faltavam ainda alguns detalhes como o penúltimo pernoite depois da visita ao santuário de Jasna Góra, e depois retornar em direção a Cracóvia. Essa etapa devia ser na metade do caminho entre Czestochowa e Cracóvia, mas, olhando no mapa, não tinha identificado senão pequenos povoados disseminados em áreas de bosque. Passaram alguns dias e se aproximou o dia 18 de maio, a data do aniversário de Wojtyla. Neste ponto, devo precisar uma coisa. Até então – eu tinha 38 anos – estava ainda em busca de um objetivo na minha vida e em meu coração dizia ao Senhor que me mostrasse o caminho. Qualquer que

SEVERIO GAETA

tivesse sido o indicado por ele, eu o teria seguido... Mas sempre tive o desejo de formar uma família".

Prossegue Andrea: "No dia 18 de maio de 2005, senti como se Karol me falasse ao coração: 'Passe por ali e encontrará uma bela garota, que é da minha terra'. Estava voltando do trabalho e essas palavras me foram dirigidas alguns minutos antes de encontrar o olhar da garota que me foi indicada por Karol, que conheci pouco depois. Tive a confirmação de que Margherita era efetivamente da terra dele e morava em uma cidadezinha justamente entre Czestochowa e Cracóvia, o lugar que eu procurava alguns dias antes. Organizamos a viagem pela Polônia seguindo os passos de Wojtyla na Jornada Mundial da Juventude de Colônia. Margherita nos guiou à descoberta de sua terra belíssima. O casamento veio cerca de um ano depois, no dia 14 de outubro de 2006".

Da Polônia, Halina se dirige por carta diretamente a João Paulo II: "Quando você veio a Cracóvia eu saí de férias com meus colegas de escola. Ria dos meus amigos que esperavam a sua visita. Com ironia, dizia sempre: 'Viraram santos...'. Me parecia que todos tivessem ficado loucos. Tinha 27 anos e não entendia nada. Quando você tocou nosso solo, quando o beijou, quando ouvi o hino polonês recitar 'da terra italiana a esta polonesa', entrei em choque. Comecei a chorar. Estava com os outros no salão de um albergue, atrás da coluna como o miserável da parábola. Voltei a Cracóvia dois dias depois da sua partida, na estrada do aeroporto ainda havia flores para

O MILAGRE DO PAPA

você... chorei outra vez. Hoje, graças à bondade de Deus, estou numa comunidade para leigos consagrados. Precisava lhe escrever isso, Santo Padre, porque o senhor me ajudou. Aquelas lágrimas durante sua peregrinação pela Polônia me lavaram os olhos e o coração".

Para Grazia, que se formou em Medicina no dia 30 de julho de 2004 e à espera de entrar na escola de especialização, uma aventura de teor diferente: "Na tarde de 1º de abril, estava chorando sobre minha escrivaninha, invadida por um desconforto total. Tinha me formado há nove meses e nunca tinha visitado um paciente em toda a minha vida, não era mais uma estudante, tinha de enfrentar o duro mundo do trabalho, sozinha, e até o senhor estava para morrer, o 'meu' Papa, aquele 'velhinho' que tinha visto de perto só uma vez na vida, que tinha tanta confiança nos jovens e a quem eu era muito afeiçoada, como a um vovô que via sempre na televisão todos os dias. De repente, recebi um telefonema: era o diretor de Saúde da Proteção Civil que estava organizando a partida para Roma. Não sei de que maneira ele chegou até mim, mas precisava urgentemente de médicos inscritos na Ordem, disponíveis imediatamente. Eu não tinha nenhum compromisso e aceitei, mas tinha tanto medo".

A Grazia foi entregue a gestão de uma unidade móvel de reanimação nas imediações da praça São Pedro: "Não tive mais medo, a ansiedade tinha cedido lugar à serenidade que nunca sentira antes. Às 4 da manhã, encontrei tempo para vir visitá-lo. A Basílica de São Pedro era enorme, eu me sentia pequena como um micróbio, usava um uniforme da Misericórdia dois números maior que o meu, estava com frio. A fila era comportada e silenciosa e eu lhe pedi três coisas: ser admitida na escola de especialização em anestesia e reanimação o mais rápido possível, ajudar uma amiga querida a encontrar uma forma de sair de uma desastrosa situação financeira, fazer que minha irmã encontrasse forças para tomar uma decisão importante em sua vida. Depois de dois meses, o Santo Padre tinha acolhido minhas preces e hoje estou certa de que quem me quis ali foi o senhor, a fim de que eu começasse a pôr em prática meus conhecimentos sobre seus peregrinos, tantos jovens que, como eu, tinham vindo de longe, de noite, para encontrar o senhor".

▨ "Filhos" de João Paulo II

Num dia longínquo, o então dom Wojtyla confessou a um amigo: "Ainda bem que o Senhor me chamou ao sacerdócio, assim não terei meus filhos naturais, porque os meus filhos eu seguramente teria estragado, teria sido muito permissivo e os teria viciado!". Na realidade, são incontáveis as crianças cuja vinda ao mundo é atribuída pelos próprios pais à amorosa intervenção de João Paulo II, quando em vida, assim como depois de morto.

A francesa Jocelyne e o italiano Antonio, casados desde 2001, não conseguiam ter filhos. Depois da enésima resposta negativa por parte dos médicos, decidiram levar em consideração a eventualidade de recorrer à fecundação assistida: "Decidi me submeter às visitas, para ter uma ideia, e a consulta no hospital foi marcada para o dia 5 de fevereiro de 2004. Depois de ter adiado tantas vezes a viagem a Roma, decidimos escutar o desejo cada vez mais forte que sentíamos de ir até João Paulo II. Foi o domingo mais bonito e emocionante da nossa vida, o dia 25 de janeiro de 2004. Naquele dia o Papa nos disse que nos queria bem, muito bem. Nos lembramos ainda dessas palavras e da sua voz, da força que nos transmitiu naquele dia e das lágrimas nas nossas faces. Voltamos para casa e chegou o dia 5 de fevereiro. Fui ao hospital em Pádua, queria ouvir o veredito dos médicos, e ouvi: não podia ter filhos por vários problemas, a minha única e última esperança era a fecundação assistida... Mas na ultrassonografia que me fizeram, os médicos examinaram somente o estado dos meus ovários e não a vida que já estava crescendo dentro de mim. Em 19 de fevereiro de 2004, depois de dias de dúvidas e excitação misturados a tanto medo, decidi fazer o teste de gravidez: estava grávida. Nosso pequenino nasceu em 29 de outubro de 2004 e o batizamos no dia 22 de janeiro de 2005: Marco Giovanni Paolo".

Tantos depoimentos fazem referência àquele triste e alegre 2 de abril de 2005. Germana e Domenico, após anos de casamento transcorridos sem conseguir ter um filho, escrevem: "No dia da morte do Papa rezamos pela graça de ter filhos e pedimos a ele, expressamente, a dádiva de um filho, sentindo na consciência a certeza de que 'se ele quiser, ele pode'. Depois de alguns dias concebemos um filho". Enza confirma: "Depois de quinze anos de longa espera, numerosos tratamentos e inseminações malsucedidas, no dia 2 de abril de 2005 pedi ao Papa a graça de um filho. No dia do funeral já estava grávida. Foi uma gravidez difícil, vivida entre o hospital e a casa. Tive diversas hemorragias e tinha medo por causa dos quatro abortos espontâneos anteriores, mas não me faltou a ajuda do Papa. Chamei minha filha Maria Karol".

Já Lucia e Nicolò reveem a própria história pela voz do pequeno Carlo: "Caro João Paulo II, hoje vim visitar o seu túmulo junto com o de mamãe e papai. Esta nossa visita é muito especial para nós porque meus pais estão convencidos de que devem a você o meu nascimento. Eles desejavam um menino há muitos anos, mas não vinha. Depois, quatro anos atrás, parecia que o desejo deles estivesse finalmente por se realizar, mas com três meses minha mãe perdeu espontaneamente o bebê. Dali começaram alguns problemas, embora meus pais se amassem muito... tentativas, consultas médicas, exames dolorosos e desilusões levaram minha mãe a resignar-se ao fato de que jamais se tornaria mãe".

O casal, em fevereiro de 2005, seguiu passo a passo o agravamento da doença do Papa Wojtyla: "Um dia, olhando-se nos olhos, disseram: 'Vamos a Roma'. Eram seus corações a guiá-los. Em 19 de fevereiro, chegaram à praça São Pedro com a esperança de poder vê-lo e ouvi-lo, mas suas condições de saúde e o mau tempo não traziam bons presságios e, em um certo ponto, minha mãe começou a chorar. Naquele instante abriu-se a janela e o Santo Padre apareceu, enchendo o coração de meus pais de fé e esperança. Sei que minha mãe naquele momento lhe pediu que desse a ela a possibilidade de se tornar mãe. O choro dela se interrompeu quando a janela se fechou. Nos primeiros dias de março ela teve a confirmação de estar esperando um filho. Convencidos de sua interseção, decidiram me dar seu nome, e no dia 1º de dezembro eu nasci".

Chiara e Nicola, após quatro anos de casamento e nenhum filho à vista, já haviam iniciado os procedimentos para adoção: "Em 18 de maio de 2006, como nos dirigíamos a Roma para um casamento de amigos, decidimos ir rezar diante do túmulo de João Paulo II. A fila de pessoas para entrar era muito longa e chegava às colunas da praça São Pedro. Pacientemente entramos na fila e começamos a repetir alternadamente, desfiando o rosário, a simples invocação: "Santo Padre, faça-nos a graça de dar-nos um filho". E, assim, repetimos a frase até entrarmos no interior das Grutas Vaticanas. Quando chegamos diante do sepulcro de João Paulo II, passamos além dos cordões que delineiam o percurso e paramos um pouco para rezar. Arrebatou-nos uma forte emoção. Quando saímos daquele lugar, contentes e serenos, voltamos para casa e retomamos nossa vida cotidiana. Em 12 de junho, concebemos uma menina que nasceu em 26 de fevereiro de 2007. Foi batizada no dia 13 de maio e, também, pela grande alegria e consolação que nos trouxe a chamamos Maria Consolata".

░ Uma cascata de intercessões

É verdadeiramente surpreendente a quantidade de depoimentos que relatam o bom êxito de uma situação aparentemente trágica graças à benévola e decisiva intervenção de João Paulo II. Muitos contam ter sonhado com ele quando passavam por um momento crítico da própria vida, recebendo palavras de conforto e iluminação. Outros dizem ter sido assistidos por ele enquanto se encontravam em coma após terem sofrido acidentes de carro ou por problemas de anestesia durante uma intervenção cirúrgica. E outros, ainda, atribuem ao efeito das preces direcionadas a ele o bom êxito em situações dramáticas.

É o caso de alguns sacerdotes que, na Índia, indo de carro à consagração de um novo bispo, saíram da estrada e caíram numa ribanceira. Instintivamente invocaram João Paulo II e conseguiram escapar ilesos. O carro, por sua vez, ficou totalmente destruído. Também da Índia chega o relato de um estranho episódio ocorrido em um vilarejo às margens de uma floresta. Um grupo de crianças pequenas desapareceu. A comunidade as tinha procurado por três dias e, quando já perdia as esperanças de encontrá-las com vida, invocou João Paulo II. Pouco depois, elas saíram da floresta sãs e salvas.

O MILAGRE DO PAPA

Impotentes diante de casos desesperadores que a ciência não tinha condições de afrontar, fiéis de todas as partes do globo mantiveram acesa a esperança entregando-se às preces a João Paulo II. E, para surpresa geral, foram ouvidos. Os beneficiários dessas inesperadas curas são frequentemente crianças em tenra idade, como o chileno Francisco.

A história dele foi submetida à Postulação por sua madrinha de batismo: "Ele nasceu em março de 2004 de uma mãe adolescente que o abandonou recém-nascido. Algumas semanas depois, foi diagnosticada nele uma enterocolite necrotizante e, como consequência, a maior parte de seu intestino foi retirada, em diversas intervenções cirúrgicas. A porção que restou era incompatível com as funções digestivas, de modo que a alimentação era feita diretamente na veia, através de um cateter. Nessas condições, era impossível que Francisco deixasse o hospital. A expectativa de vida não passava dos 6 anos e, de qualquer maneira, ele teria que ficar sempre conectado a uma máquina. No dia 2 de abril de 2005, quando João Paulo II retornou à casa do Pai, pedi ao Senhor, por intercessão do Papa, a cura de Francisco. No dia 4 de abril, um exame clínico identificou que Francisco tinha uma extensão intestinal suficiente para poder levar uma vida normal. O intestino, de fato, tinha se desenvolvido inexplicavelmente, até o tamanho necessário para poder encerrar a ileostomia e iniciar a alimentação pela boca. Assim, para Francisco, por fim completamente sadio, escancararam-se as portas da adoção".

Lucyna, da Polônia, escreveu do hospital de onde seu filho estava para receber alta: "Ele se recuperou no setor de oncologia em 2002. O diagnóstico era um tumor maligno de Wilms nos rins, inoperável. Foi submetido à quimioterapia por mais de um ano, mas em abril de 2004 se formaram metástases nos pulmões. A operação não tinha corrido bem, e o tumor estava se espalhando rapidamente. Tentamos também uma terapia experimental americana, mas por fim vimos que se tratava de outra falsa esperança. Pensamos, então, em ir a Roma, para rezar diante do túmulo de João Paulo II. O menino não conseguia caminhar e vivia em cima de uma cama. Repetia frequentemente: 'Me façam morrer em paz, queria encontrar meu avô' (que tinha falecido alguns anos antes). Quando ouviu nossa proposta de ir a Roma, disse: 'Eu não tenho fé'. Nós respondemos: 'É para encontrá-la que você tem que ir a Roma".

Em 29 de agosto de 2005, a família inteira se ajoelhou em frente ao túmulo de João Paulo II: "Dentro de nós, percebemos um sentimento difícil de descrever: torpor, esperança, paz. Quando saímos da basílica, ele começou a correr segurando as calças (estavam folgadas porque ele tinha emagrecido muito). Depois disse pela primeira vez em meses: 'Estou com fome'. Nós, os pais, não podíamos crer em nossos olhos e em nossos ouvidos. De volta à Polônia, uma outra quimioterapia estava à sua espera. Nosso filho se apresentou no hospital andando com as próprias pernas. No dia 5 de setembro, foi atestado o desaparecimento do tumor. A quimioterapia não era mais necessária".

O MILAGRE DO PAPA

O relato da vovó Débora chega do Estado americano da Pensilvânia. "No dia 25 de junho de 2005, meu amado neto Luke sofreu uma contusão no pescoço enquanto jogava lacrosse. Foi levado ao hospital e o neurocirurgião diagnosticou uma lesão na vértebra C1. Como consequência, Luke não poderia mais praticar esportes de contato, mergulho ou atividades físicas de qualquer tipo, porque em caso de outro acidente correria o risco de ficar paralítico. Ele sempre havia demonstrado interesse, desde pequeno, por atividades físicas e esportes extremos, e esse diagnóstico foi um trauma que mudou as vidas de todos nós. Minha amiga Marianne imediatamente começou a rezar para João Paulo II, pedindo sua intercessão junto de Deus. Em 28 de junho, dia em que a paróquia de Roma abriu oficialmente a causa de beatificação, Luke teve um encontro com um neurologista do hospital pediátrico de Filadélfia. O médico o visitou, refez a radiografia e concluiu que não havia mais risco de paralisia e não eram mais necessárias restrições de tipo algum."

A italiana Ida recebeu o diagnóstico de que tinha uma grave forma de artrose nos quadris, o que lhe fazia ter muitas dores ao caminhar: "A única solução parecia ser a colocação de uma prótese, mas não podia me submeter à cirurgia porque meus pais precisavam e ainda precisam de mim. Minha mãe, de 84 anos, vive em cima de uma cama, e meu pai, de 93, usa cadeira de rodas. Eu tinha de tomar analgésicos todos os dias para poder sair e ir à casa de meus pais. Uma semana depois do desaparecimento de João Paulo II, fui dar uma volta. Era um daqueles dias nos quais a dor era quase insuportável, mas como meus pais moram perto de São Pedro, me veio uma coragem e fui rezar no túmulo do Papa. Cheguei diante do túmulo me locomovendo com cansaço e lhe pedi: 'Peço que me ajude: tenho que continuar a acudir meus pais, eles precisam de mim'. Pedi somente isso: não que ele me curasse, mas que me ajudasse a poder continuar a ajudar meus pais. Na sua grandeza, porém, ele fez muito mais: não sinto mais nada, meus quadris estão bem, não preciso mais de cirurgia".

Uma imigrante das Ilhas Maurício tinha um tipo muito grave de asma, que a obrigava inclusive a longos tratamentos no hospital e que para os médicos era incurável. O relato de sua história foi escrito pelo diretor da escola onde estuda sua filha: "No dia do funeral do Papa Wojtyla, ela estava em casa e assistia à televisão. Estava nas últimas semanas de gravidez e sofria com a asma. Enquanto via o caixão sendo transportado em direção à tumba, dirigiu-se a João Paulo II: 'Bem, você está indo para o céu, está indo embora: leve junto com você a minha asma, leve junto com você!'. A partir daquele momento, a doença desapareceu e hoje essa senhora está muito bem. Os médicos não sabem explicar de forma alguma, e tanto a senhora como seu marido estão convencidos de que a cura ocorreu por intercessão do Pontífice".

O elenco de casos de cura atribuídos pelos fiéis à intercessão do Papa Wojtyla inclui outros episódios surpreendentes.

O MILAGRE DO PAPA

Na Rússia, uma fervorosa católica tinha decidido viajar até Roma para deixar uma homenagem no túmulo do Papa Wojtyla. Antes da partida, porém, seu marido, que não acreditava em Deus, teve um ataque cardíaco. Levado ao hospital, teve a morte cerebral diagnosticada. Informada por telefone do acontecido, a mulher correu para o hospital. Durante o percurso, começou a rezar: "Oh, Deus, se o Senhor quer que João Paulo II se torne santo, agora tem uma ótima ocasião. Faça com que eu encontre meu marido vivo". Entrando no quarto, viu que o marido tinha se recuperado completamente e estava sentado falando com os médicos.

Uma senhora italiana perdeu o líquido amniótico em uma fase muito prematura da gravidez. Os médicos, convencidos de que não havia mais nada a fazer, propuseram-lhe que recorresse a um aborto terapêutico para limpar seu útero e evitar riscos de infecção. A mulher, porém, junto com a família e sua comunidade de oração, começou a rezar para João Paulo II pedindo-lhe a intercessão. Embora na placenta não houvesse uma só gota de líquido, o coração do bebê continuava a bater, causando grande admiração nos médicos, que entretanto estavam propensos a excluir qualquer possibilidade de que o feto seguisse se desenvolvendo. De repente, depois de diversas semanas, o líquido se formou novamente e o bebê nasceu absolutamente normal.

Na Argentina, uma mulher que já havia sofrido muito com doenças e cirurgias, internou-se para ser operada de diverticulose. Pôs sua vida nas mãos de João Paulo II e, na hora dos preparativos, antes de operar, o cirurgião constatou que o problema não existia mais.

Nos Estados Unidos, num ministro extraordinário da eucaristia, foi diagnosticada uma cirrose hepática que os médicos definiram como irrecuperável, a ponto de requerer um transplante de fígado. Enquanto esperava o órgão de um doador, o homem orou ao Papa Wojtyla e a ultrassonografia seguinte mostrou a imagem de um fígado perfeitamente são.

Ainda que sejam todos eloquentes testemunhos de fé e devoção amorosa a João Paulo II, nenhum dos eventos aqui sucintamente narrados, ou dos muitos que não foram mencionados, apresentava-se suficientemente cercado de um conjunto de dados incontestáveis, dos quais não se pode prescindir quando se pretende provar a natureza milagrosa de um fato extraordinário.

Diferente, no entanto, é o caso da inexplicável cura da Pequena Irmã Marie Simon Pierre.

2

O milagre da beatificação

ᔕᕮᔕ

Por volta da metade de junho de 2005, chegou à Postulação uma carta enviada pela madre Marie Thomas, a superiora geral do Instituto das Pequenas Irmãs das Maternidades Católicas com sede em Nicolas-Vermelle (no sudoeste da França). Lendo aquela vintena de linhas datilografadas, monsenhor Slawomir Oder se deu conta imediatamente da importância do que elas diziam.

A superiora explicava que "irmã Marie Simon Pierre, atingida por um Parkinson evolutivo diagnosticado em 2001, viu desaparecer instantaneamente todos os sinais clínicos de sua doença no momento em que as Pequenas Irmãs da França e do Senegal fizeram uma novena para pedir a cura da Pequena Irmã, se essa fosse a vontade de Deus, por intercessão de João Paulo II, em vista de sua beatificação. Essa graça lhe foi concedida na noite da quinta-feira 2 de junho de 2005, exatamente dois meses depois da morte do Papa. A partir do dia 3 de junho, a Pequena Irmã interrompeu todos os tratamentos. Em 17 de junho de 2005, o médico neurologista Xavier Olmi a visitou e constatou, com grande espanto, o desaparecimento total de todos os sinais clínicos do Parkinson".

Ao fim desse relato resumido do caso, a superiora declarava: "Todas nós Pequenas Irmãs ficaremos particularmente orgulhosas se este testemunho pudesse ser uma pequena pedra somada à causa da beatificação. A Pequena Irmã Marie Simon Pierre e eu mesma nos colocamos à sua inteira disposição, se o senhor julgar necessário".

Chamavam atenção, nas palavras da superiora, o tom humilde e a atitude de total submissão ao julgamento da Igreja, que excluíam *a priori* veleidades de protagonismo. A história contada, ademais, apontava dois aspectos estritamente conectados a João Paulo II: a Pequena Irmã tinha sido afetada pelo mal de Parkinson, que marcara pesadamente os últimos anos de vida do Pontífice, e, além disso, tinha dedicado a própria missão à defesa da vida e da maternidade, pontos cardeais do magistério de Wojtyla desde os tempos de Cracóvia.

Pedida toda a documentação clínica, o caso foi submetido à avaliação de um médico especialista na matéria. Em seguida a seu parecer favorável, em março de 2006 se abriu, portanto, o procedimento canônico na diocese de Aix-en-Provence, que se fechou exatamente um ano depois.

Um mal que se anuncia em voz baixa

Nascida em Cambrai, em 27 de fevereiro de 1961, Marie Simon Pierre Normand percebe o chamado à vida religiosa

O MILAGRE DO PAPA

um dia antes de sua primeira comunhão e, secretamente em seu coração, consagra-se totalmente ao Senhor. Alguns anos depois, em Lourdes, enquanto presta serviço aos doentes, seu propósito interior se reafirma. "Tive a graça de me banhar nas piscinas e saí de lá completamente transformada", recorda ela mesma. "Foi como se Maria me tivesse dito que seguisse seu Filho."

Formada em puericultura, começa a trabalhar na Maternidade Católica de Cambrai, onde divide com as Pequenas Irmãs os períodos de reclusão da vida litúrgica. Nesse ínterim, o percurso de crescimento espiritual a conduz a optar pela profissão perpétua no dia 5 de setembro de 1993. Após assumir o nome de Marie Simon Pierre, a Pequena Irmã, que há pouco conseguira o diploma de enfermeira profissional, é destinada ao setor de neonatologia da clínica L'Étoile, nas imediações de Aix-en-Provence.

"Ali me encontro diante de vidas pequenas e frágeis, preciosas ante os olhos de Deus", conta. "Os dias são intensos, com muitos imprevistos e situações mais ou menos fáceis. Meu dever é acompanhar os pais que acolhem uma criança portadora de deficiência. Me doo completamente a esses pequeninos, tão frágeis, mas tão amados pelo Pai. Para alguns deles a vida sobre a Terra será muito breve e a maior parte recebe o batismo antes de adormecer na paz de Deus."

Em 1998, começam a manifestar-se os primeiros sinais da doença, sintomas leves, por ora, mas que tornam seu trabalho mais cansativo. "Trabalho ao máximo para o serviço de neonatologia, que acolhe de doze a dezessete crianças. Já faz algum tempo que venho sentindo cansaço. Noto que, aos poucos, escrevo pior e que a mão esquerda treme um pouco (sou canhota). Para instalar uma agulha de infusão ou aplicar uma injeção nos recém-nascidos, devo prender a agulha sobre a pele antes de furar. Mas não presto atenção especial a nenhum dos sinais que noto, atribuindo-os ao cansaço e à sobrecarga de trabalho." Aos tremores se somam, nos anos seguintes, outros distúrbios, como dores no ombro esquerdo, transpiração excessiva nas mãos, dificuldades de se mover e escrever. Ainda que incômodos, esses sinais não são ainda legíveis como prelúdio de uma situação mais séria. Mas, rapidamente, se tornarão.

Irmã Maria Simon Pierre procura o quanto pode continuar a desempenhar seu trabalho, mas o esforço necessário para não sucumbir aos sintomas vai se tornando cada vez maior. Em 2000, durante a peregrinação a Lourdes, seus braços doem e ela não consegue soerguer os doentes. Em abril de 2001, participa do Capítulo Geral das Pequenas Irmãs, convocado para eleger a nova superiora: "Constato, pobre de mim, que tenho grande dificuldade de escrever os nomes nas cédulas eleitorais. Tenho que escrever muito lentamente, tremo cada vez mais. Penso então: 'É, sem dúvida, a emoção por causa do Capítulo'. Ao fim do encontro, parto para quatro semanas de repouso em Meyrié. As longas caminhadas são às vezes difíceis, como se eu tivesse uma espécie de contratura nas pernas. Na volta das férias me sinto ainda cansada e começo a me preocupar".

Na metade de junho é marcada uma consulta com seu médico habitual: "Ele me examina, me faz estender os braços e minha mão esquerda começa a tremer. Pede-me que me equilibre em uma perna só, mas sobre a esquerda não consigo. Conto que tenho muitas dificuldades para manter os braços erguidos – por exemplo, para limpar os vidros. Ele me dá um tratamento, que no entanto resulta ineficaz. Em 28 de junho, volto a consultá-lo e o médico prescreve uma ressonância magnética cerebral, pensando tratar-se de uma doença neurológica degenerativa como a esclerose em placas. O exame, porém, descarta essa hipótese".

A sugestão do médico é que ela procure um especialista em neurologia. Este, após examiná-la atentamente no dia 10 de agosto de 2001, comunica-lhe que ela é portadora do mal de Parkinson. Após um ano, em outubro de 2002, o diagnóstico é confirmado. A terapia farmacológica prescrita à irmã Marie Simon para retardar o avanço da doença parece dar bons resultados, mas deve ser constantemente reajustada, porque os efeitos positivos se exaurem muito depressa. Mesmo tomando comprimidos três vezes ao dia, "à tarde me sentia pior e não podia nem sequer prever demais o que faria no dia seguinte, porque meu estado variava a depender do dia". Uma outra irmã conta que foi à farmácia, no início de 2005, para comprar os remédios prescritos à irmã Marie Simon, e saiu de lá com uma enorme sacola cheia de medicamentos: a religiosa, nessa fase, tinha que tomar, ao todo, vinte e cinco comprimidos por dia.

Mesmo com os remédios, as condições da Pequena Irmã continuam a piorar: "A perna esquerda não responde bem e todo o corpo passa a conhecer o enrijecimento. As noites são longas por causa da insônia. É difícil me levantar da cama e preciso de muito tempo para me arrumar. Diante das dificuldades que aumentam, peço à superiora que informe à comunidade, para evitar qualquer tipo de boato sobre minhas condições".

A doença abate o corpo da irmã Marie Simon Pierre, mas não mina a solidez de sua fé, que aliás a induz a viver o mal como uma oportunidade de crescimento espiritual: "Um versículo do Evangelho me toca particularmente. É a frase de João Batista: 'Ele deve crescer e eu, por minha vez, diminuir' (João 3, 30). Diminuí em meu corpo para que Jesus cresça mais em mim. Entrego tudo em Suas mãos. Se o Senhor me permite, estou segura de que Ele me dará Sua força e que não soltará minha mão. É na fé que devo viver estes acontecimentos".

A energia de seu espírito é muita, mas a doença não dá trégua. No início de 2005, a equipe de trabalho de seu setor é incrementada e lhe é atribuída a responsabilidade de gerir os turnos e distribuir as tarefas. Nesses dias, ela experimenta um autêntico combate contra os sintomas do próprio mal, uma luta permanente que a deixa acabada, incapaz de suportar muito mais.

※ A novena a João Paulo II

Quando a doença havia sido diagnosticada, irmã Marie Simon Pierre não poderia ter deixado de pensar no Papa Wojtyla, afetado pelo mesmo mal. Com o agravamento dos sintomas, contou, "não podia mais ver João Paulo II, pensando que eu também ficaria daquele jeito. Mas sua coragem, sua força de ânimo, me ajudavam a seguir em frente. Ele foi sempre, para mim, um modelo a ser imitado. Não mudei nada no meu trabalho: tomava a frente das tarefas apesar do cansaço, das náuseas e da dor, tanto que muitas pessoas ignoravam que eu estivesse doente".

Na noite de 2 de abril de 2005, todas as Pequenas Irmãs estavam em frente ao televisor, em união de orações com os fiéis que se encontravam na praça São Pedro. No anúncio da morte do Papa, às 21h37, irmã Marie Simon Pierre sente o mundo despencar sobre sua cabeça e, profundamente comovida, irrompe em lágrimas: "A irmã que se encontra atrás de mim põe a mão sobre minhas costas e dá um aperto, para me comunicar que compreende o que estou vivendo. Sim, o meu Pastor, afetado pelo mesmo mal que eu, acaba de chegar a seu último suspiro após ter doado sua vida até o último momento. Nos dias seguintes, sinto um grande vazio".

Na manhã de 8 de abril, enquanto prosseguem na tevê as celebrações do funeral do Papa, duas Pequenas Irmãs da comunidade sentem a inspiração de compor uma oração para pedir ao Pontífice que intercedesse pela cura de irmã Marie Simon Pierre. À noite, elas leem o texto à coirmã enferma:

Pai,
na tua incansável bondade,
deste à tua Igreja
Pastores e santos.
Vês a multidão imensa
dos testemunhos que dão graças
à santidade de João Paulo II.
Digna-te a permitir a todos os batizados
que progridam no amor,
guiados por aquele
que nós pedimos à Igreja
que eleve à glória dos altares
para fortificar na fé
todos aqueles que invocaram seu nome.
A ele, que escreveu:
"Se um dia a doença
invadir meu cérebro
e destruir a minha lucidez,
até nessa hora, Senhor,
a minha submissão é diante de ti
e prosseguirá
numa silenciosa adoração",
entregamos irmã Marie Simon Pierre
e lhe pedimos a cura
de sua doença de Parkinson
pelo serviço do Instituto
e pela glória da Santíssima Trindade.

O MILAGRE DO PAPA

Irmã Mari Simon Pierre está desorientada, fica em silêncio. Depois, levanta-se com dificuldade e começa a chorar nos braços de uma das coirmãs. "É difícil para mim pedir a oração dos outros. Ela insiste e me diz: 'Eu acredito nisso, mas você é jovem e o Instituto precisa de você'. Em lágrimas, sorrio para ela e emendo: 'Está certo, se eu ficar boa, você estará comigo pela beatificação; se eu ficar numa cadeira de rodas, vamos do mesmo jeito e você me empurrará'".

Todos os dias, com grande discrição, as duas irmãs rezam pela doente. Suas condições se tornam cada vez mais críticas, as dores são fortes e mover-se, para ela, muitas vezes é impossível.

No dia 16 de abril, chega-lhe a notícia da morte de sua avó, a quem era muito ligada. Irmã Marie Simon Pierre, então, decide escrever-lhe uma carta na qual pede que, uma vez chegada ao céu, diga a João Paulo II que não a esqueça. O texto é lido diante do corpo da avó e posto então dentro do caixão.

No dia 24 de abril, algumas das Pequenas Irmãs se dirigem a Roma para participar da cerimônia inaugural do pontificado de Bento XVI. Uma delas, antes de partir, pede à irmã Marie Simon Pierre que lhe dê a cruzinha de madeira que a superiora-geral da congregação lhe havia doado no retorno de uma peregrinação à Terra Santa. Ao chegar ao Vaticano, as irmãs se encaminham ao túmulo de João Paulo II, tocam com cruz a corda que impede os visitantes de se aproximarem do mármore e rogam pela irmã Marie Simon Pierre. Logo depois, dentro da basílica, rezam com a mão sobre o pé da estátua de São Pedro, para que a fé da irmã não vacile e ela tenha a força de viver sua doença profundamente. No retorno, a cruzinha volta às mãos de irmã Marie Simon Pierre.

As irmãs começam a insistir com a superiora-geral para que ela faça a congregação inteira rezar pela cura da enferma. Para convencê-la, não hesitam em argumentar que se acontecesse de verdade um milagre por intercessão de João Paulo II, a Igreja poderia renovar sua solicitude em relação à pequena congregação, que poderia ademais receber a dádiva de novas vocações. A superiora, porém, continua protelando, como forma de respeito a outras Pequenas Irmãs adoentadas. Até que, na noite de 13 de maio, a notícia de que Bento XVI deu seu consentimento à causa de beatificação do Papa Wojtyla elimina de sua alma qualquer ponta de hesitação.

No dia seguinte a superiora telefona à irmã Marie Simon Pierre pedindo seu consenso para uma invocação comunitária. É edificante a resposta da religiosa, que declara aceitar não por ela mesma, senão para servir o Instituto e agir a serviço das famílias. Imediatamente, todas as comunidades são informadas da iniciativa através de um e-mail e na manhã seguinte começam a rezar.

Irmã Marie Simon Pierre, porém, está cada vez mais debilitada pela doença. "O pedido que tinha sempre em mente era: 'Como fazer para resistir?'. Ao mesmo tempo me retornava com frequência à mente o versículo do Evangelho que algum tempo antes havia sido proposto pelo padre Thierry Scherrer durante um encontro de *lectio divina*: 'Se acreditas, verás a glória de Deus' (João 11, 40)."

No sábado, 28 de maio, a Pequena Irmã dá uma mão na preparação de um documentário para as mães. Uma outra irmã filma os recém-nascidos e irmã Marie Simon Pierre trabalha no computador, mas logo sua mão se contrai e ela tem dificuldade de manipular o *mouse*. Vontade de combater ela tem, mas a situação é extenuante e, em certos momentos, o desencorajamento e a tentação de se entregar parecem prevalecer.

Em 1º de junho, o diretor da Maternidade encontra a Pequena Irmã caída sobre a escrivaninha. Corre em sua ajuda uma outra irmã, que se certifica em primeiro lugar de que seu coração esteja batendo: "Ela tinha desabado de cansaço e me pediu que a deixasse ali. Então, pensei na frase do Evangelho: 'Esta doença não é para a morte, mas para a glória de Deus, para que por ela o Filho de Deus seja glorificado' (João 11, 4). Assim, me dirigi a João Paulo II suplicando-lhe que fizesse alguma coisa".

No dia seguinte, irmã Marie Simon Pierre está ao extremo: "Organizo o serviço para liberar uma colaboradora, a fim de que ela possa preparar a sessão jovem do mês de agosto. De manhã, encontro-a para resolver um problema de organização. Depois de alguns minutos, me esvaio em lágrimas e lhe digo: 'Desta vez, não aguento mais. Estou para pedir à superiora que interrompa minha atividade profissional'". A coirmã não responde, aperta-lhe a mão e fica em silêncio. As lágrimas encharcam seu rosto, ela fecha os olhos e mergulha em oração. Em seguida lhe confessará que, naquele instante, suplicava a João Paulo II que ele desse a paz à irmã Marie Simon Pierre, e que a ajudasse.

Quando à tarde irmã Marie Simon Pierre vai até a superiora do Instituto para pedir que a dispense de suas atividades, esta a convida a resistir ainda mais, ao menos até o fim da peregrinação a Lourdes prevista para agosto. E acrescenta que João Paulo II não havia dito ainda sua última palavra. Em seguida, a superiora lhe estende uma caneta convidando-a a escrever: "João Paulo II". As duas religiosas observam em silêncio os sinais ilegíveis sobre o papel, até que de repente irmã Marie Simon Pierre se levanta da cadeira sorrindo e afirmando que, se tinha chegado a tal estado, poderia mesmo ser para consentir às demais irmãs a crença no milagre. E deixa o gabinete com uma grande paz interior.

A cura

Terminada a oração comunitária da noite, irmã Marie Simon Pierre passa novamente no escritório e vai então para o quarto. Entre as 21h30 e as 21h45, sente uma voz interior que a exorta: "Pegue uma caneta e escreva". Ela obedece e, para sua grande surpresa, a escrita é clara. Porém, não dá tanto peso à coisa e decide ir deitar. "Às quatro e meia me levanto de novo, estupefata por ter dormido. Levanto da cama num pulo, meu

O MILAGRE DO PAPA

corpo não está mais doente, não há mais nenhum enrijecimento e, por dentro, não me sinto mais a mesma. Um chamado interior me compele a ir rezar em frente ao Santíssimo Sacramento. Desço ao oratório, envolta por uma grande paz e por uma sensação de bem-estar, e ali começo a meditar sobre os mistérios da luz introduzidos no rosário por João Paulo II."

É dia 13 de junho, festa do Sagrado Coração de Jesus. Durante a Missa, a liturgia recita: "Abençoa-nos o Senhor, alma minha, não esqueças suas muitas bênçãos. Ele perdoa todas as tuas culpas, cura todas as tuas doenças" (Salmo 103, 2-3). Tais palavras ressoam na alma de irmã Marie Simon Pierre, bem como confirmam suas sensações: "Na saída da capela, estava certa de estar curada. Como de praxe, ficamos em silêncio até o fim do café da manhã. Dois meses antes, tinha dito a uma outra irmã: 'Se eu ficar boa, você será a primeira a saber'. Naquele dia, que era também aniversário dela, a espero no patamar da escadaria do primeiro andar, estendo-lhe a mão e digo: 'Olha, não tremo mais. Estou curada'. Ela me olha sorrindo e seus olhos brilham, de comoção".

Durante toda a manhã, a religiosa trabalha de novo na clínica, como há anos não conseguia fazer. Na hora do almoço, come com impressionante apetite e toma a decisão de suspender o tratamento farmacológico. Faz um belo dia, as irmãs saem ao jardim para rezar o rosário sob a sombra de um carvalho. Irmã Marie Simon Pierre, por sua vez, prefere ficar no quarto reordenando as ideias e anotando tudo o que lhe havia ocorrido.

"Enquanto estávamos rezando", contou a superiora da casa, "tocou meu celular e vi aparecer o número dela. Me dei conta de que ela não estava no rosário e a ouvi me dizer: 'Pode vir agora mesmo ao meu quarto?' Me preocupei e corri até lá, receando encontrá-la num daqueles momentos de travamento. Ao invés disso, ela estava de pé, no final do corredor, à minha espera. Me esticou uma folha de papel dizendo: 'Olha, eu consigo escrever'. Observei e me dei conta de que era mesmo a caligrafia que ela costumava ter. Internamente, pensei: 'Ou ela está louca, ou é realmente uma cura prodigiosa'. Voltei para terminar o rosário e, no momento das nossas invocações dos santos, me saiu um grito de dentro do coração: 'São João Paulo II, orai por nós'. As irmãs, que ainda não sabiam de nada, me olharam, mas não comentaram." Em seguida, a informação chega à superiora-geral da congregação, que convidou toda a comunidade a uma novena de ação de graças a João Paulo II.

Desse dia em diante, irmã Marie Simon Pierre retomou a todo vapor o seu trabalho na clínica, sem acusar mais os sintomas do mal que a afligia.

Um prodígio que deixa a ciência muda

Entre 17 de março de 2006 e 23 de março de 2007, na diocese de Aix-en-Provence, transcorreu uma acurada investigação sobre a imprevista e inexplicável cura da irmã Marie Simon Pierre, com a audiência de quinze testemunhas, a criação de uma comissão de especialistas e a preparação de um dossiê médico composto de exames complementares. Segundo o juiz delegado, padre Luc Marie Lalanne, chanceler do arcebispado de Aix-en-Provence, "a cura da Pequena Irmã pôs os médicos diante de um fato surpreendente, aliás, desconcertante".

Na metade de 2010, em resposta a boatos fora de controle que saíram na imprensa, levantando dúvidas sobre o estado de saúde da religiosa, o mesmo padre Lalanne declarou com força: "Diversos veículos de comunicação publicaram nesta semana um boato segundo o qual a irmã Marie Simon Pierre estaria atualmente doente. Em nome da congregação das Pequenas Irmãs das Maternidades Católicas e do arcebispo de Aix-en--Provence, desminto categoricamente esse boato: irmã Marie Simon Pierre segue em perfeita saúde".

Nesse meio-tempo, como detalhou o cardeal Angelo Amato, "alguns médicos na França propuseram o seguinte teorema: o Parkinson é uma doença incurável. A partir do momento em que a irmã se encontra curada, não poderia estar sofrendo de Parkinson. E assim começou, para irmã Marie, uma série de exames psiquiátricos para entender se sua doença era real ou, em vez disso, uma somatização psiquiátrica. Foram exames pesadíssimos que, no entanto, garantiram a total sanidade mental da irmã".

Prossegue o prefeito da Congregação das Causas dos Santos: "Após tudo isso, ainda foram feitos muitos exames para certificar a cura completa do Parkinson. Todos os médicos foram prudentíssimos. Mas nós fizemos as coisas com seriedade: foram consultados dezenas de especialistas em nível mundial.

O milagre foi estudado com grande atenção – uma atenção que beirou a meticulosidade, eu diria –, até mesmo porque havia uma grande pressão por parte da imprensa sobre esse assunto. Os médicos, tanto os franceses quanto os italianos, não se apressaram de modo algum para tirar suas conclusões e submeteram tudo a um atento aprofundamento".

No dia 21 de outubro de 2010, enfim, os qualificados especialistas da Consulta Médica da Congregação tiveram a plena confirmação de que a cura da Pequena Irmã Marie Simon Pierre fora considerada cientificamente inexplicável.

As demonstrações de graças continuam

Um rio ininterrupto de cartas que apontam para graças e curas obtidas por intercessão de João Paulo II continuou a fluir em direção à Postulação da causa de beatificação. E algumas delas resultam extraordinárias mesmo para os olhos de um profano.

Da Virgínia, um avô conta a comovente história do neto Jesse, nascido em 1º de novembro de 2009 e internado no hospital dez dias depois, com urgência, por uma série preocupante de sintomas. O diagnóstico do Children's National Medical Center de Washington é claro: o bebê sofre de uma infecção causada pelo vírus *Herpes simplex*. Segundo as estatísticas comunicadas aos pais do pequenino pelos médicos que cuidaram dele, diz a carta, "a mortalidade por conta de tal infecção em uma idade prematura assim oscila entre 50% e 70%, e a metade

O MILAGRE DO PAPA

dos que sobrevivem reporta severos danos cerebrais e outras sequelas neurológicas".

O caso de Jesse é considerado muito grave, e as esperanças de que ele saia ileso são francamente exíguas. As pesquisas clínicas evidenciam, a rigor, que o fígado dele está afetado a ponto de não ter mais condições de secretar diversos fatores de coagulação necessários para a digestão, o que acaba gerando uma hemorragia dentro do estômago. Ao mesmo tempo, não são produzidas as enzimas que metabolizam o amoníaco no sangue: o nível dessa substância supera a cota de 600, enquanto o padrão é de cerca de 50, e o risco de danos cerebrais irreversíveis é, nesse ponto, difícil de afastar.

O médico diz aos pais que ao menino provavelmente não restam mais do que 48 horas de vida. É chamado então um padre, que ministra a Jesse a unção dos enfermos. Nesse ínterim, na basílica da Imaculada Conceição, ali perto, começa-se a rezar intensamente. Graças ao auxílio de uma máquina para diálise de sangue, os médicos conseguem baixar o nível de amoníaco a 200, o que porém ainda é quatro vezes mais do que o normal. E a hemorragia em questão não para.

Após cinco dias de internação, para grande surpresa dos médicos, o recém-nascido resiste e ainda está vivo. O nível do amoníaco permanece em 200, mas um eletroencefalograma e uma tomografia do crânio, através dos quais esperavam constatar intensas hemorragias, mostram um quadro inesperadamente confortante: não há mais lesões. O especialista declara que Jesse é "um sobrevivente". O pequenino é, então, inserido na lista dos candidatos ao transplante de fígado, mas caso danos cerebrais fossem constatados nesse meio--tempo, seu nome seria retirado. Trata-se, enfim, somente de esperar a evolução do caso.

No dia 19 de novembro, antes de ir dormir, o avô de Jesse invoca o Papa Wojtyla e lhe pede que assista seu netinho. Às 6 da manhã do dia seguinte, quando voltou ao hospital, o homem fica sabendo que o nível de amoníaco, poucas horas antes em 169 mesmo com a diálise, havia baixado a 59 e até o final da manhã entraria novamente nos níveis fisiológicos. Os médicos não sabem, porém, se essa melhora deve ser atribuída a uma repentina regeneração do fígado de Jesse ou ao efeito da diálise. O único modo de verificar é desligar a máquina, coisa que é efetuada na noite de 21 de novembro. Às 13 horas do dia seguinte, o nível do amoníaco baixa a 39, e à noite desce até 32. A hemorragia também para: é evidente que o fígado de Jesse está funcionando regularmente.

E uma posterior ressonância magnética confirma que o cérebro do bebê não sofreu nenhum tipo de dano. Verificada a estabilidade da situação, no dia 16 de dezembro a criança tem alta sem necessidade de outros tratamentos. Seu pediatra declara que o desenvolvimento e o comportamento alimentar estão plenamente nos parâmetros. O pediatra que seguira Jesse confessa ao avô não ter jamais visto, em trinta e cinco anos de atividades, uma recuperação tão rápida como essa de uma patologia do gênero. Toda a equipe médica do hospital pediátrico se refere por fim a Jesse como o "menino do milagre".

O MILAGRE DO PAPA

Da França, Joëlle, 50 anos, mãe de um menino que hoje tem 12 anos, recorda as próprias histórias. Nascida com um orifício no coração, que causa uma circulação incorreta (o chamado "sangue azul"), ela foi submetida a diversas intervenções cirúrgicas que lhe "remendaram" o coração. Em 2000, uma investigação clínica identificou um aneurisma na aorta, que o especialista aconselhou a não ser operado, dado o alto risco da intervenção. Infelizmente, porém, a situação se agravou ainda mais, e a temida cirurgia teve de ser feita de urgência, em 2003. Em fevereiro de 2005, a mulher se converteu ao catolicismo durante uma peregrinação a Medjugorje e, logo depois da morte de João Paulo II, sentiu crescer uma grande devoção por ele.

No dia 6 de abril de 2005, conta Joëlle, "uma dor lancinante invade meu tórax: vejo a minha morte, rogo ao Papa: 'Piedade, não quero morrer! Não quero ir encontrar o senhor', e perco a consciência". Imediatamente ela é transportada ao hospital e a reanimação cardíaca é feita. O diagnóstico é claro: dissecção da aorta, ruptura do aneurisma. Nos dias seguintes, porém, os exames com o Doppler e o Anglo-scan permitem aos médicos constatar que tudo está normal: incompreensivelmente, não se vê nem mesmo a cicatriz da cirurgia que tinha reconstituído a aorta com um revestimento de teflon. "Ela tem um coração novo", é o estupefato comentário dos especialistas.

Em 2007, a alemã Claudia está grávida de quatro meses, e a ultrassonografia prognostica que o bebê será infelizmente afetado pela trissomia 21, ou síndrome de Down. No sexto mês, uma nova investigação clínica evidencia um retardo do cres-

55

cimento do feto. A mulher e o marido invocam ardentemente a intercessão de João Paulo II, a fim de que a situação possa melhorar. No oitavo mês se manifestam na mulher os sintomas de uma grave gestose, com hipertensão arterial e edemas nas articulações, que induzem a um parto prematuro: em 17 de agosto, a pequena Helena nasce perfeitamente sã e continua ainda hoje a crescer normalmente.

Esses são somente alguns dos vários acontecimentos que mantêm vivos os testemunhos das intercessões de João Paulo II, repropondo constantemente à comunidade dos fiéis o modelo de santidade por ele encarnado. De resto, uma das frases que o Papa Wojtyla amava repetir era: "O objetivo da Igreja é levar o maior número de pessoas à santidade". E o povo devoto não tem dúvidas a respeito da singularidade do seu exemplo, levado até o extremo sacrifício.

Como lembrou um soldado de sua guarda particular: "Nos primeiros tempos, nas audiências gerais, quando o Santo Padre passava em frente aos cordões de isolamento para cumprimentar os fiéis mais próximos, ouvia as senhoras que exclamavam: 'Como ele é bonito!'. Com o passar dos anos, as exclamações se transformaram em: 'Como é santo!'".

Para outras informações e para a organização de encontros sobre o tema, o Autor pode ser contatado através do endereço eletrônico info@saveriogaeta.it.

Apêndice
Entrevista com o cardeal José Saraiva Martins

~∞~

"A palavra 'milagre' deriva do latim *miror* – me maravilho, admiro – e indica, portanto, algo singular, que desperta atenção e assombro. Para a Igreja, não se trata de uma violação das leis da natureza, mas de um fato excepcional determinado por uma especial força divina, que supera o ritmo normal das coisas. Deus, criador do Universo, através do milagre oferece ao homem um gesto de amor, aliviando os sofrimentos de criaturas que voltam seus olhares a Ele." O cardeal José Saraiva Martins é um dos maiores especialistas na matéria: no decênio em que foi prefeito da Congregação para as Causas dos Santos, entre 1998 e 2008, passaram sobre sua escrivaninha mais de duzentos eventos considerados inexplicáveis pela ciência.

Quando se fala em santos, parece haver entre as pessoas comuns um escasso conhecimento acerca do que vem a ser suas vidas de fé, ou seja, em que consiste a santidade que lhes é atribuída. Como o senhor entende essa terminologia da Igreja Católica?

A santidade consiste na perfeita união com Cristo. Ela é, portanto, ao mesmo tempo, fruto da graça de Deus e da resposta livre do homem. "Para fazer de um homem um santo, basta a graça. Quem duvida disso não sabe o que vem a ser um santo, nem o que vem a ser um homem", observou, com a concisão que lhe é característica, o filósofo católico Blaise Pascal nos Pensamentos. *Utilizo essa observação para acenar a duas perspectivas de reflexão: no santo se conjugam a celebração de Deus (da sua graça, evidentemente) e a celebração do homem, nas suas potencialidades e nos seus limites, nas suas aspirações e nas suas realizações.*

É entretanto importante compreender, antes de mais nada, que a santidade não significa realizar algo de extraordinário, fora do alcance do homem comum, mas sim fazer bem as coisas ordinárias, no trabalho, na escola, na família, no sacerdócio ou na vocação consagrada.

Em sua essência, a santidade é uma realidade única, que apresenta, no entanto, a um só tempo, mil facetas. Entre seus objetivos está alcançar a perfeição da caridade, ou seja, o grau máximo de amor a Deus e ao próximo. E isso requer que seja levado a cabo, na vida pessoal, o projeto que Deus desenhou expressamente para cada homem, que não é um produto "feito em série", mas sim uma obra do artesanato divino.

Então, quem é o santo?

Para compreender quem vem a ser o santo e o que Deus deseja dizer à Igreja e à humanidade com essas figuras, faz-se necessária uma clara premissa: todos os santos, cada um a seu próprio modo, atingiram os vértices do amor; cada um deles é, porém, portador de uma mensagem específica, que é buscada não somente no heroísmo com o qual ele exercitou "privadamente" as virtudes cristãs, mas também no modo como desenvolveu a própria missão sobre a Terra. O conhecimento da tarefa recebida de Deus, junto com a luta cotidiana para realizá-la, explica o heroísmo dos santos.

O santo é um ser profundamente humano: não dispõe de um coração para amar a Deus e outro para amar os homens e o mundo inteiro. Ele tem os pés no chão, às vezes tropeça e cai, mas se levanta de novo e continua seu caminho. Para ser mais breve: o santo é uma obra de arte do amor e da graça de Deus e é, ao mesmo tempo, um modelo de humanidade e de exercício daquela liberdade com a qual o Senhor nos quis presentear. E a santidade é a plenitude da humanidade. Não é luxo de alguns ou monopólio de certos privilegiados, mas sim vocação aberta a todos. O santos não são heróis a serem admirados e, ainda que o tenham sido em vida, não foram canonizados por esse motivo. É importante compreender isso, para não atribuir ao santo "algo de estoico", ou que não pertença a nosso mundo real, o que por fim só faz afastá-lo de nosso alcance.

A santidade portanto não está ao alcance somente de alguns privilegiados?

Absolutamente não. O chamado à santidade é universal porque se dirige a todos os homens e todas as mulheres sem exceção. Isso significa que tal chamado não é endereçado somente àqueles fiéis que se encontram em um determinado estado de vida, por exemplo religiosos ou sacerdotes, mas a cada indivíduo, no estado e na situação em que se encontra. João Paulo II foi explícito e categórico a esse respeito. Ele sinalizou essa santidade de todos como um dos pontos fundamentais para a pastoral da Igreja do terceiro milênio. O Papa João Paulo II indicou, ademais, o caminho que cada um deve percorrer para alcançar a santidade: cumprimento fiel dos próprios deveres familiares, profissionais e sociais, ou seja, viver em plenitude, dia após dia e até o fundo, os vários acontecimentos, aparentemente irrelevantes, da vida ordinária.

É verdade que a santidade requer heroísmo na prática das virtudes: é igualmente inegável que a perseverança fiel nos deveres cotidianos pode ser mais heroica do que alguns gestos, muitas vezes puramente imaginários, nos quais alguns parecem fazer consistir a santidade. Uma pastoral orientada em direção ao chamado à santidade deve propor-se, como meta inderrogável, a ajudar todos os fiéis a descobrir a grandeza da vida ordinária, na qual, a propósito, Deus nos quer santos.

Ao longo dos séculos, modificou-se de alguma maneira a ideia que a Igreja tem dos santos, privilegiando alguns aspectos e escamoteando outros?

A santidade está acima do tempo e da História, é a mesma ontem, hoje e sempre. É santo quem viveu completamente em Deus, sem reservar nada para si próprio. Com o batismo, o cristão é constituído filho de Deus em Jesus Cristo, torna-se "filho do Filho". Assim, é santo – ou melhor, tende à santidade – todo aquele que busca a cada

O MILAGRE DO PAPA

momento comportar-se fielmente em respeito ao projeto traçado por Deus para si, e que na sua conduta responde com generosidade aos impulsos da graça, abandonando-se filialmente às mãos do Pai.

Mas, ao mesmo tempo, a santidade é profundamente encarnada na realidade humana. As vidas dos santos nos mostram como se realiza, em suas circunstâncias concretas de vida, a identificação com Jesus Cristo. Durante os séculos, prevaleceu nas biografias dos santos um gênero literário que tratou de maneira marginal a resposta cotidiana aos impulsos da graça, para exaltar, em vez disso, os gestos heroicos, por vezes travestidos inclusive de lenda. Ocorre, portanto, precisar que essas almas não foram santificadas devido a atos esporádicos, mas sim pela fidelidade e a coerência com as quais souberam ser heroicas, esforçando-se por alcançar a vontade de Deus no cumprimento de seu dever ordinário de cada dia: é esse aspecto que devemos imitar. Se a vida deles fosse limitada a atos fora do comum, certamente não teriam sido santas, e tanto menos poderiam ser propostas como modelos dignos de imitação.

Em cada caso, a santidade toca com uma valência particular também a cultura, entendida como horizonte global dentro do qual o mundo se move. Os santos permitiram que se criassem novos modelos culturais, novas respostas aos problemas e aos grandes desafios dos povos, novos desenvolvimentos de humanidade no caminho da História. Os santos são como faróis: indicam aos homens as possibilidades das quais dispõem como seres humanos. Por isso são interessantes também culturalmente, independente da abordagem religiosa e de estudo usada para afrontá-los.

Todo cristão é, portanto, chamado à santidade. Aliás, segundo a doutrina da Igreja católica, todos aqueles que já se encontram no Paraíso estão igualmente na presença de Deus e possuem o mesmo nível de beatitude, sejam ou não venerados pela comunidade eclesial. Portanto, o que distingue os beatos e os santos "oficiais" de todos os outros cristãos que morreram na graça de Deus?

Se o número de cristãos que viveram santamente coincidisse com o de canonizados e de proclamados beatos, seríamos obrigados a reconhecer que, ao longo dos dois milênios decorridos desde sua fundação, a Igreja teria falhado no cumprimento da missão que lhe foi dada por Jesus Cristo. Mas não é assim. Há uma fila inumerável de pessoas que viveram e morreram santamente que estão no Paraíso, gozam da visão beatífica e são recordadas juntas na festa de Todos os Santos, em 1º de novembro. Trata-se, podemos dizer, dos "militantes desconhecidos" da santidade, os quais, "por causa de sua mais íntima união com Cristo", consolidam toda a Igreja na santidade, enobrecem o culto que esta devota a Deus aqui na Terra e de muitos modos contribuem para sua mais rápida edificação (Lumen Gentium 7). Pode-se perguntar, a propósito, se aqueles canonizados seriam mais santos ou teriam praticado mais heroicamente as virtudes e teriam chegado a um grau maior de glória. Não sabemos nem temos meios para verificar isso, mas podemos afirmar com segurança que a canonização declara a santidade de uma pessoa sem estabelecer qualquer confronto com a dos outros que estão no Céu.

Mas, então, por que a Igreja propõe ao culto somente alguns, entre os tantos que estão no Paraíso?

A resposta é elementar: são propostos pela Igreja à canonização aqueles cuja figura se tornou particularmente significativa porque são mais conhecidos e gozam de uma clara fama de santidade no seio do Povo de Deus, de modo que os fiéis os veem como modelos da própria conduta e se dirigem a eles como intercessores perante o Senhor.

Falando com propriedade, devemos dizer que somente Jesus Cristo é o modelo, que é efetivamente o único, uma vez que não está fora de nós, mas em nós, por ação do Espírito Santo. Os santos não são modelos em senso estrito, mas sim cópias ou reproduções, mais ou menos perfeitas, do modelo que é Jesus Cristo. Para além disso, a existência deles nos oferece um exemplo de como a imitação de Jesus Cristo se tornou realidade em suas circunstâncias concretas de vida, a ponto de terem chegado à identificação com Ele.

No Paraíso, todos são felizes e beatos no gozar e contemplar a Deus. A Igreja, aqui na Terra, distingue a santidade comum da santidade canônica, reconhecida ou canonizada, de fato. À santidade comum, ou universal, são chamados todos os cristãos em virtude de sua vocação batismal, que os insere vitalmente e irrevogavelmente "n'Aquele que é o santo de Deus". O "Sejais perfeitos como é perfeito o vosso Pai celeste" (Mateus 5, 48) é dirigido indistintamente a todos os discípulos de Cristo. É o que recorda também o Concílio Vaticano II quando sublinha que "todos na Igreja são chamados à santidade" (Lumen Gentium

59). *Além da santidade comum, existe a santidade chamada canônica, que consiste na prática heroica das virtudes cristãs, reconhecida oficialmente pela Igreja e proposta por esta como modelo a todo o povo de Deus. "A nem todos é dado, como ensina o magistério pontifício, atingir os graus da santidade canônica e canonizada" (Pio XI).*

Quem pode ser proposto a uma causa de canonização? E quando se pode tomar essa iniciativa?

Qualquer católico pode se tornar o protagonista de uma causa, contanto que tenha exercitado as virtudes cristãs em grau heroico e ganhe fama de santidade após a morte. O grau heroico consiste num comportamento cristão fora do comum, na atuação com presteza de ânimo, e com alegria, das virtudes teologais (fé, esperança, caridade) e também das cardinais (prudência, justiça, fortaleza, temperança); e ainda, tratando-se de um consagrado, dos três conselhos evangélicos (castidade, pobreza, obediência). A fama de santidade é, por sua vez, uma opinião generalizada que induz os fiéis a venerar um homem ou uma mulher e a rogarem pela intercessão dele ou dela.

Para dar início a uma causa, é preciso esperar pelo menos cinco anos após a morte do candidato. O chamado "ator" da causa – que pode ser uma diocese, uma congregação religiosa, um grupo de fiéis ou mesmo um simples indivíduo – deve requerer, para poder entrar formalmente com o pedido, o "nada consta" da Congregação para as Causas dos Santos, a qual verifica se, por parte de outras Congregações vaticanas, não há motivos de obstáculo. Caso já tenham se passado mais de trinta anos da morte, é necessário demonstrar que a causa não foi aberta antes por motivos ligados a dificuldades reais, e não somente por negligência ou dolo.

Qual é a diferença prática entre a beatificação e a canonização, entre o beato e o santo?

A beatificação é o primeiro passo no caminho em direção à definitiva canonização. Do ponto de vista histórico, o termo "canonização" foi utilizado pela primeira vez por Alessandro III em 1171, enquanto a distinção entre beato e santo é formalizada por Sisto IV em 1483.

Com a beatificação, declara-se a santidade da vida do beato e é permitido o culto público em seu louvor no âmbito limitado de uma diocese ou de uma instituição eclesiástica (por exemplo, uma congregação religiosa). A canonização consiste em uma declaração particularmente solene da santidade e prescreve o culto público em toda a Igreja. Portanto, enquanto a primeira tem uma dimensão local, a segunda tem uma dimensão universal. Tanto a beatificação quanto a canonização pressupõem, no entanto, que tenha sido demonstrado o heroísmo das virtudes praticadas pelo beato ou pelo santo.

O que se entende concretamente por "virtude heroica" ou "em grau heroico"? O dicionário não nos ajuda a esclarecer as ideias. Ali, efetivamente, encontramos que os heróis são pessoas diferentes dos comuns mortais, ilustres e famosos por seus gestos clamorosos ou por terem realizado ações incríveis: no fim das contas, um modelo situado no oposto da vida ordinária. É bem compreensível que, com esse conceito de herói, seja bastante difundida a ideia de que as "virtudes heroicas" sejam aquelas praticadas mediante manifestações inusitadas, dando assim a entender que, por outro lado, a normalidade se identifique com a mediocridade.

Nada mais falso do que isso: heroísmo e normalidade são – e deveriam ser para todos – termos que não se excluem mutuamente. Não hesitaria aliás em definir o heroísmo das virtudes como a perseverança no cumprimento dos próprios deveres cotidianos. A santidade se adquire no âmbito da mais estrita normalidade, sem ser nem se considerar superior aos outros, deixando que Deus aja em nós e dirigindo-se a Ele como a um amigo.

Por séculos, insisto, prevaleceu um gênero literário que tende a deixar de lado a resposta cotidiana dos santos aos impulsos da graça, exaltando em vez disso os gestos heroicos, propensos mais a maravilhar do que a suscitar o desejo de imitá-los, longe da perspectiva dos cristãos comuns e de sua vida ordinária. Os santos não se santificaram graças a este ou àquele ato heroico isolado, mas sim pela fidelidade com que buscaram cumprir, a cada dia, a vontade de Deus nos pequenos deveres cotidianos. A santidade consiste não tanto em fazer coisas extraordinárias, mas em fazer de maneira extraordinária as coisas ordinárias da vida de cada dia.

Quais são as etapas do percurso de uma causa de beatificação?

As causas de beatificação têm duas fases fundamentais: a diocesana e a romana. A primeira coincide com a investigação que o

O MILAGRE DO PAPA

bispo competente instrui para recolher todos os escritos do servo de Deus e todos os testemunhos e os documentos relativos a sua vida, suas atividades e virtude ou martírio. Para isso, o bispo diocesano constitui um pequeno tribunal de justiça, presidido por ele mesmo e por um delegado seu, e formado por um promotor de justiça e um notário. Nos processos de presumidos milagres, é obrigatória a presença de um médico, o qual propõe as questões adequadas às testemunhas, a fim de esclarecer melhor as coisas segundo as necessidades e as circunstâncias.

É dada uma importância especial às testemunhas que são chamadas a depor. A maior parte delas é escolhida pela postulação (que é, em certo sentido, o "advogado de defesa" da causa), enquanto o tribunal toma a iniciativa de convocar outros depoentes ex officio, a fim de que todos os aspectos da vida do servo de Deus sejam esclarecidos segundo a verdade. "Os testemunhos", prescrevem as Normae Servandae – ou seja, as regras do procedimento –, "devem ser oculares; a estes, se for o caso, podem ser acrescentados outros que tenham sido ouvidos por pessoas que tenham visto o fenômeno; mas todos devem ser dignos de fé." A sinceridade das testemunhas é absolutamente necessária e é por isso que cada uma delas deve confirmar com juramento tudo aquilo que tiver declarado. Quando um servo de Deus pertence a um Instituto de vida consagrada, a maioria das testemunhas – a fim de que haja o máximo de objetividade e completude – deve ser estranha ao Instituto em questão.

Com a reforma legislativa de 1983, os documentos adquiriram grau de dignidade igual ao dos depoimentos. A documentação que diz respeito à vida do servo de Deus e à sua causa de beatificação, da qual se encarrega formalmente o bispo diocesano, é reunida por especialistas em história e arquivística, os quais, ao fim do trabalho, devem exprimir um juízo sobre a autenticidade e os valores dos documentos, bem como sobre a personalidade do servo de Deus, presumido a partir dessa documentação. Todos os atos da investigação diocesana, por fim, são entregues à Congregação para as Causas dos Santos, que os examina, em vários níveis de juízo, para certificar-se do heroísmo das virtudes, do martírio, dos supostos milagres.

Então a decisão que conduz às honras dos altares é toda tomada por uma cúpula?

Somente nos últimos estágios "oficiais". Na verdade, o movimento que por fim conduz ao reconhecimento da santidade parte de baixo porque, ainda hoje, é o povo cristão que, reconhecendo por intuito da fé a "fama de santidade", aponta os candidatos à canonização ao próprio bispo, titular da primeira fase do processo de canonização. Nem a Congregação para as Causas dos Santos nem o Papa "inventam" ou "fabricam" os santos. Disso quem se encarrega, como sabem bem todos os crentes, é o Espírito Santo. Que esse Espírito – como está dito no Evangelho – "sopra onde quer" é uma constatação à qual estamos habituados há séculos, e ainda mais hoje, estando a Igreja difundida em todas as partes do mundo e em todas as camadas sociais.

O MILAGRE DO PAPA

Que garantias de correção histórica e metodológica a Congregação pode oferecer?

O trabalho desenvolvido pela Congregação para as Causas dos Santos é meticuloso, aprofundado, de alto perfil científico, no qual se envolvem diversas disciplinas, como teologia, história, direito, medicina, psicologia, entre outras.

O cuidado com a verdade histórica foi sempre, desde o início, objeto de atenção privilegiada no trabalho da Congregação. Encontramos mostra disso com precisão no decreto de Pio X de 26 de agosto de 1913, posteriormente incorporado ao Código de Direito Canônico de 1917, que estabelecia a recolha e o estudo de todos os documentos históricos relativos às causas. Mas a novidade fundamental passou a ser posta em prática a partir do documento Já há algum tempo*, de 6 de fevereiro de 1930, com o qual Pio XI instituiu na Congregação dos Ritos – como era chamada na época a nossa Congregação – a Seção Histórica, atribuindo-lhe a tarefa de trazer sua eficaz contribuição para a análise das causas históricas, isto é, daquelas sem testemunhos contemporâneos aos fatos em juízo.*

O serviço realizado pela Seção Histórica, que viria a ser denominada, a partir de 1969, Escritório Histórico-Hagiográfico, foi estendido a tantas causas, inclusive àquelas recentes, acrescentando a sensibilidade histórico-crítica a todos os níveis e a todas as fases do processo. Mais recentemente, a constituição apostólica Divinus Perfectionis Magister*, de 25 de janeiro de 1983, seguida das* Normae Servandae*, de 7 de fevereiro de 1983, estabeleceu definitivamente* *a contribuição determinante do método e da qualidade histórica à análise das causas dos santos.*

Como é desenvolvido então o trabalho da Congregação para as Causas dos Santos e quais os agentes envolvidos nesse procedimento?

As questões mais relevantes são examinadas e avaliadas por diversos órgãos colegiados. Por exemplo, o Congresso Ordinário, que se reúne semanalmente, decide sobre a validade jurídica das investigações diocesanas; a reunião dos consultores históricos avalia o valor científico e a suficiência da documentação relacionada às causas antigas; a Junta Médica ou Técnica examina o aspecto científico dos supostos milagres; a Sessão Ordinária dos cardeais e bispos, presidida pelo prefeito da Congregação, julga as mesmas matérias sobre as quais os consultores teólogos já haviam expressado seu parecer. As conclusões dos cardeais e dos bispos são, em seguida, encaminhadas pelo prefeito ao Santo Padre, que toma a decisão definitiva.

Uma nova figura jurídica, nascida com a legislação em 1983, é a do relator, que de fato absorveu as competências que antes eram distribuídas entre o promotor da fé e os advogados das causas. Sua tarefa é especificada pela constituição apostólica Divinus Perfectionis Magister, *a qual estabelece que à figura do relator, a quem é atribuído o estudo de uma causa em particular, cumpre a preparação da chamada* Posição (Positio, em latim) *sobre as virtudes ou sobre o martírio, esclarecendo todos os aspectos da vida e dos comportamentos do servo de Deus. Nos volumes que compõem a*

O MILAGRE DO PAPA

Posição *são reunidas todas as provas testemunhais e documentais e todos os atos jurídicos, os estudos e os sumários necessários para poder responder às eventuais dúvidas acerca do heroísmo do martírio, ou da sobrenaturalidade de um presumido milagre.*

No próprio trabalho, o relator é auxiliado por um colaborador externo, indicado pela postulação interessada. Atualmente, o tempo de preparação das Posições *tem sido mais breve do que era antes de 1983. De fato, se os colaboradores dos relatores trabalharem ativamente, uma Posição pode, em poucos anos, ser finalizada, impressa e posta na lista de espera dos exames colegiados descritos aqui anteriormente.*

Para o reconhecimento das virtudes heroicas é promulgada uma declaração de validade na presença do Santo Padre. A partir desse momento, ao servo de Deus é atribuído o título de "venerável" que, porém, ainda não autoriza nenhuma forma de culto público. Para chegar à beatificação, é requerido o reconhecimento de um milagre, atribuído à intercessão do venerável. Um outro milagre é necessário para que se proceda à canonização.

Às vezes, fica a sensação de que alguns processos andam mais rápido do que outros. Existem, efetivamente, diferenças de tratamento?

Na realidade, o motivo da velocidade com a qual nos últimos trinta anos se está procedendo é a decisão – efetivada por Paulo VI em 1969, com o documento Sanctitas Clarior *– de reduzir a somente um os dois processos que até então deviam ser realizados na diocese,*

71

com um largo intervalo entre um e outro, pois precisavam ser primeiro estudados em Roma os autos do primeiro (no qual se devia aprovar a fama de santidade e de virtude em geral do servo de Deus, se examinavam seus escritos e se comprovava que não existia uma manifestação de culto público em seu louvor). Somente após a conclusão dessa primeira fase se poderia passar à sucessiva, abrindo-se na diocese um novo processo sobre a prática de cada uma das virtudes por parte do servo de Deus. Tudo isso requeria repetições desnecessárias, além do amplo lapso de tempo entre um e outro processo.

A normativa atual, promulgada por João Paulo II, em 25 de janeiro de 1983, no mesmo dia do Código de Direito Canônico vigente até hoje, prevê um só processo diocesano, cuja duração depende, em boa parte, da continuidade com a qual o tribunal celebra suas sessões e que pode concluir-se em prazo relativamente curto. Isso explica por que, em geral, a duração das causas foi sensivelmente abreviada.

Certamente, no entanto, algumas causas chegam à beatificação ou à canonização antes de outras. A explicação é simples. Em primeiro lugar, na fase diocesana um processo pode realizar-se com menor ou maior rapidez: não será a mesma coisa se o tribunal tiver condições de se reunir dez vezes por semana, ou se, em vez disso, limitar-se somente a uma, porque seus membros alternam esse trabalho com outras ocupações. Ao mesmo tempo, até em Roma, o postulador que deve se ocupar de redigir e imprimir a Posição poderá examiná-la com rapidez se contar com colaboradores em tempo integral, mas levará mais tempo se tiver que realizar seu trabalho contando apenas com uma disponibilidade parcial deles.

O MILAGRE DO PAPA

Uma vez chegadas à Cúria, as Posições são colocadas numa lista de espera – que neste momento é muito ampla, apesar do número de consultores – e serão estudadas por ordem de chegada, com algumas exceções previstas nas normas da Congregação: pode--se acelerar, na medida do possível, o exame das causas de nações que ainda não têm nenhum santo ou beato, ou daquelas de lugares que serão visitados pelo Papa em uma viagem pastoral na qual se poderia celebrar uma cerimônia. Outro motivo relativamente frequente, em razão do qual uma causa passa na frente das outras, é o fato de que no processo tenha sido apresentado um milagre, ou que a fama de santidade do servo de Deus tenha atingido uma ressonância particularmente universal.

Fala-se muito de altos custos no processo de declaração de um novo beato ou santo. Mas quanto custa realmente uma causa e que aparato organizativo é necessário montar?

Sem desprezar o papel de uma boa estrutura organizadora, o requisito prévio indispensável para pôr em marcha o motor de uma causa de beatificação é o mesmo da fama de santidade, uma fama extensa e não apenas circunscrita a um grupo restrito de fiéis. A fama de santidade não pode ser ampliada artificialmente: se se extinguir, se a causa de canonização não tiver promotores, provavelmente tal fama tenha sido apenas uma hipótese, e que suas manifestações tenham sido apenas fruto do entusiasmo de um primeiro momento.

Os custos de um processo de canonização não são de forma alguma astronômicos e chegam a cerca de 14 mil euros: as despesas com os direitos da Santa Sé consistem em menos de 6 mil euros, e o total dos honorários a médicos, teólogos e bispos que estudam e julgam as causas gira em torno de 8 mil euros. Por uma reunião da Junta Médica, que dura mais ou menos uma manhã inteira, cada um dos médicos recebe 310 euros; para os bispos e os teólogos, a remuneração é de 155 euros; pelo trabalho do relator, paga-se 15 euros por hora, menos do que o valor pago a um professor de reforço escolar.

Todo o resto dos custos diz respeito às pesquisas, à elaboração das Posições, ao trabalho do postulador e de outros especialistas e pesquisadores eventualmente envolvidos, à impressão dos volumes, aos preparativos para a cerimônia (os libretos, o estandarte, os móveis, a mão de obra) etc. Mas isso equivaleria a dizer que para fazer um casamento na igreja – e não a simples cerimônia na paróquia para a celebração litúrgica – é necessário gastar algumas dezenas de milhares de euros, porque afinal entram no custo total os trajes e os móveis, a recepção e a viagem de núpcias, as participações e os docinhos, e assim por diante.

Por outro lado, se for verdadeira a fama de santidade, todos aqueles que considerarem santo um servo de Deus normalmente escreverão cartas (e isso não é um sinal desprezível da fama de santidade em uma época na qual o telefone tomou quase todo o lugar da caligrafia!) contando favores atribuídos à sua intercessão e acrescentando ainda ofertas à sua causa. Essas pequenas doações se revelam em geral suficientes para que a causa possa ir adiante com os próprios pés. De modo que não há, jamais, sentido em promover uma campanha para arrecadar fundos para a causa, pois tais fundos devem ser fruto e manifestação da fama de santidade. Em todo o caso, na Congregação para as Causas dos Santos há um fundo constituído por doações, para o qual se pode oferecer uma ajuda às causas, por assim dizer, "pobres", mas de reconhecido caráter de validade eclesial.

Mas existe mesmo necessidade de tudo isso? No fundo, quando se chega a uma canonização, ou se trata de um personagem já notório e venerado, ao qual o reconhecimento oficial parece não acrescentar muito, ou então se trata de um personagem pouco conhecido, cuja fama dificilmente se ampliará...

A Igreja acredita que sim. Os beatos e os santos manifestam a vivacidade das Igrejas locais, "são a maior homenagem que todas as Igrejas prestam a Cristo, são a demonstração da onipotente presença do Redentor mediante os frutos da fé, da esperança e da caridade (ou seja, de santidade) em homens e mulheres de tantas línguas e raças, que seguiram a Cristo nas várias formas de vocação cristã" (Tertio millenio adveniente 37). E depois, as canonizações e beatificações têm uma grande importância pastoral.

Através das canonizações, a Igreja, que Hipólito chamava "cidade dos santos", exprime a santidade que recebe da união com Cristo, "o único santo", e oferece aos fiéis novos modelos de comportamento e novos intercessores de graça. Inácio de Antioquia já reconhecia *a função missionária, evangelizadora, dos santos quando os definia como "portadores de Deus", "portadores de Cristo" no mundo. Portanto, a Igreja continuará experimentando a alegria de poder apresentar o Evangelho por meio de seus santos.*

Quando o Papa canoniza, não acrescenta nada à beatitude que o santo goza no Paraíso, mas oferece à Igreja uma dádiva que não lhe será mais retirada. As canonizações são sentenças definitivas e irreformáveis, que dizem respeito à infalibilidade pontifícia. O pronunciamento do Pontífice assegura que o novo santo goza da visão beatífica, que pode interceder por nós junto a Deus e que é um autêntico modelo de fidelidade a Cristo e ao seu Evangelho. A beatificação e a canonização incidem concretamente no culto que o servo de Deus recebe dos fiéis.

A fórmula utilizada pelo Papa para uma canonização começa com as palavras "para tributar honras à Santíssima Trindade, para a exaltação da fé católica e o incremento da vida cristã". Essas poucas palavras exprimem na totalidade o sentimento de uma canonização. Toda a criação, e dentro dela de maneira eminente o homem, visa dar glória a Deus. Como disse memoravelmente Santo Irineu, "a glória de Deus é o homem vivente". Mas o homem dá glória ao Senhor não somente porque vive, mas porque livremente realiza o projeto que Deus traçou para ele.

Por isso, na vida da Igreja, desde o início, parece ser uma constante o reconhecimento público da santidade dos mártires e daqueles que praticaram as virtudes de maneira heroica e gozam dessa fama entre os fiéis. Proclamando-os beatos, e mais tarde santos, a Igreja

O MILAGRE DO PAPA

eleva sua ação de graças a Deus da mesma maneira que honra esses seus filhos que souberam acolher o dom de Deus correspondendo generosamente à graças divina, e os propõe como intercessores, como exemplos de santidade à qual todos somos chamados. Hoje, assim como ontem, as beatificações e as canonizações têm como finalidade a glória de Deus e o bem das almas.

Nos quase vinte e sete anos de pontificado de João Paulo II, de outubro de 1978 a abril de 2005, foram proclamados 1.338 beatos e 483 santos. Quase o dobro dos 827 beatos e 302 santos dos quatro séculos precedentes, desde que o Papa Sisto V fundou a Sagrada Congregação dos Ritos. Um ensaísta polemicamente descreveu a situação com a imagem da "fabricação dos santos". É isso mesmo?

A estatística indicada permite algumas observações acerca da quantidade e da finalidade pastoral que animou o Papa João Paulo II na promoção da santidade na Igreja de Deus. A santidade da Igreja, ao menos aquela canônica e oficial, é somente a ponta de um iceberg, porque é muito mais difundida entre o povo de Deus do que se possa pensar, como observei anteriormente. É preciso, além do mais, reconhecer ao Papa Wojtyla uma extraordinária sensibilidade pastoral em relação a esse fenômeno eclesial, que representa sempre a admiração dos crentes diante das maravilhas que o Senhor realiza na história e nos limites do homem.

Desde o início do pontificado, João Paulo II, visitando os fiéis nos diversos países do mundo, quis pôr o povo em confronto direto com sua própria história e com as expressões de santidade que se exprimem nela: daí o desejo de acender, para cada povo ou etnia, a luz de seus santos e dos testemunhos locais. Por isso, me parece totalmente fora de propósito falar de uma "fábrica de santos", terminologia própria de um observador externo, que não compreende a verdadeira realidade da santidade da Igreja.

Nesse sentido, gostaria de chamar a atenção para um detalhe: entre os 1.821 beatos e santos elevados ao todo por João Paulo II em seu pontificado, 1.434 são mártires (para os quais o procedimento é definitivamente mais rápido, mesmo porque não foi pedido um milagre para a beatificação deles). Portanto, é infundada uma observação que repetidamente se ouve a respeito de uma presumida impossibilidade para a Congregação – por causa da falta de tempo – de avaliar corretamente as vidas dos candidatos para estabelecer o real heroísmo de suas virtudes e a qualidade de seus milagres.

Então não é verdade que, para tornar possível todo esse número de beatificações e canonizações, o rigor dos julgamentos tenha sido atenuado?

Para responder a essa pergunta, gostaria de explicar com um certo detalhamento como a Congregação para as Causas dos Santos realiza o seu trabalho. Uma vez recebidos em Roma os atos do processo realizado na diocese, o postulador e os seus colaboradores – sob a direção de um relator – encarregam-se de redigir e imprimir a Posição, que com frequência compreende mais de mil

O MILAGRE DO PAPA

páginas. Quando uma causa é antiga, essa Posição é estudada previamente por seis consultores especializados em história, junto com o relator geral.

Em todas as causas, antigas ou recentes, submete-se a Posição ao exame de oito consultores teólogos, junto com o promotor geral da fé. Todos aqueles que mencionei, historiadores e teólogos, dão um primeiro parecer por escrito e depois o confirmam ou o modificam na reunião em que cada um deles expõe diante dos outros as suas conclusões. O resultado do trabalho dos consultores, impresso em livro, submete-se, junto com a Posição, ao exame dos cardeais e bispos. Somente se todas essas fases tiverem um resultado favorável é que a Posição será apresentada à decisão do Papa, o qual pode pedir a promulgação do decreto sobre as virtudes em grau heroico dos servos de Deus.

O exame de um milagre – refiro-me a uma cura, que é o caso mais frequente – começa com o processo diocesano, cujos resultados são objeto de estudo da Junta Médica, da qual participam cinco especialistas na matéria tratada: estes devem exprimir seu julgamento técnico acerca do fato, atestando que a cura é cientificamente inexplicável. A Posição impressa passa sucessivamente ao crivo dos consultores teólogos, junto com o promotor geral da fé. Em seguida, há o exame por parte dos cardeais e dos bispos membros da Congregação, e também nesse caso o resultado se submete à decisão do Papa, que pode pedir a promulgação do decreto sobre o milagre.

O fato de ter crescido o número de beatificações e canonizações indica somente que aumentou o trabalho da Congregação, que teve de adequar a própria estrutura às novas circunstâncias. Trata-se de uma adequação significativa. Nos séculos passados, o estudo das causas de canonização era efetuado por uma seção da Congregação dos Ritos. Em 1969, foi constituída a atual Congregação para as Causas dos Santos como organismo dedicado exclusivamente a essa matéria. Essa, por sua vez, aumentou o número de consultores da Cúria, que em 1975 raramente eram mais de vinte (até 1965 eram apenas treze), enquanto hoje são quase uma centena. Os médicos com os quais a Congregação pode contar para o estudo dos milagres são setenta, entre os quais há um número significativo de professores universitários.

Na proclamação de um santo, o Papa põe em jogo o próprio poder exclusivo e solene da infalibilidade. De que se trata?

Para a própria evolução dos processos e das praxes canônicas no mérito da canonização, o problema da infalibilidade é posto mais precisamente a partir do final do século XII, quando a delegação da canonização ao Pontífice Romano começou a apresentar também o tema de suas prerrogativas a respeito de tais pronunciamentos. O tema em questão, a infalibilidade, colocou-se mais fortemente após a definição dogmática da infalibilidade pontifícia no Concílio Vaticano I.

A canonização, por sua própria natureza, diz respeito ao mistério cristão da "comunhão dos santos"; e a Igreja, no decorrer dos séculos, expressou-a e viveu com diversas e articuladas sensibilidades,

O MILAGRE DO PAPA

inerentes mesmo à compreensão que tinha de si mesma. A infalibilidade do Papa nas canonizações foi afirmada por sumidades em teologia do século XIII, como São Boaventura de Bagnoregio e São Tomás de Aquino, e posteriormente por todos os grandes teólogos do período tridentino até Bento XIV.

Recordem-se, a propósito, as palavras do monsenhor Fabiano Veraja, certamente entre os mais atentos a essa matéria: "O objetivo do Magistério infalível da Igreja, além das verdades reveladas (credendae fide divina) e das doutrinas que estão em necessária conexão lógica com uma verdade da fé, são também os chamados fatos dogmáticos, ou seja, fatos contingentes que estão em conexão moral necessária com o fim primário da Igreja, que é aquele de conservar e explicar o patrimônio revelado". Ora, entre os fatos dogmáticos é universalmente elencada também a canonização, na qual, de modo definitivo, é declarada a santidade de um servo de Deus que é proposto como modelo de santidade.

Por que motivo é requerida a aprovação de um milagre antes da proclamação de um beato ou de um santo?

O Papa Inocêncio IV (morto em 1254) já exigia para a canonização, em sua Glosa às Decretais do Papa Gregório IX, que fossem provadas a fides et excellentia vitae (fé e excelência de vida), além dos milagres operados por intercessão de um servo de Deus. E também o Papa Bento XIV, mesmo admitindo que se podia chegar à prova concreta da santidade heroica de um servo de Deus, insistia nos milagres para ter uma confirmação divina no caso de um não mártir.

Vale ressaltar, porém, que os milagres não suprem uma eventual deficiência de provas acerca do heroísmo das virtudes: por isso mesmo, na plurissecular praxe da Congregação, os milagres jamais são examinados antes da declaração do heroísmo das virtudes. Gostaria também de precisar que eventuais milagres efetuados em vida pelos servos de Deus não constituem prova de santidade: somente os que acontecem após a morte, por meio de sua intercessão, é que confirmam definitivamente tal santidade com autoridade divina.

O número pedido de milagres requerido para a beatificação e a canonização varia na história do Direito Eclesiástico. Na legislação do Código de Direito Canônico de 1917, para a beatificação eram necessários dois milagres (e em certos casos três, e até mesmo quatro), com a possibilidade de dispensa caso se tratasse de um mártir cujo suplício fosse evidente. Desde o ano santo de 1975, passou-se a dispensar o segundo milagre para a beatificação, e assim chegou-se à praxe atual de exigir um só milagre para a beatificação, e posteriormente mais um para a canonização.

Deixando de lado esse tópico acerca da variação do número, que é um fato puramente jurídico e relegável ao longo do tempo e das praxes, devo precisar que, no milagre, a Igreja vê o "selo de Deus" sobre a reflexão e o trabalho que ela realiza. As pesquisas testemunhais, os exames clínicos, as Consultas teológicas são conduzidos sempre com seriedade e precisão, até atingirem a certeza moral; nesta, porém, reside sempre a avaliação humana. Consciente

O MILAGRE DO PAPA

dessa precariedade, e com espírito de humilde e confiante espera, a Igreja invoca um sinal do Alto. O milagre, portanto, é recebido como confirmação da fé, como uma espécie de carimbo posto por Deus, por meio do qual Ele garante a santidade do candidato aos altares.

Por que, então, hoje essa regra não vale para os mártires?

A certificação do heroísmo das virtudes sempre foi tão rigorosa quanto a certificação de um suposto martírio, que acontece quando se verificam simultaneamente diversas circunstâncias como: a) a morte violenta do cristão; b) a aceitação da morte, pelo fato de ser fiel a Cristo; e c) a ação de ódio à fé ou a outra virtude cristã por parte do perseguidor. Junto com a prova do martírio material e formal, pedia-se antigamente a prova do milagre. De fato, podia haver no presumido mártir ou no perseguidor alguma coisa não evidente que tornasse menos perfeito o martírio. O milagre, nesse caso, servia como confirmação dada por Deus para garantir a existência do martírio.

Com a nova legislação, procede-se à beatificação dos mártires hoje sem a necessidade de prévia aprovação de um milagre. A razão é primordialmente teológica. O Vaticano II, ao definir na Lumen Gentium o martírio como "dom exímio e prova suprema de caridade", acrescentou que "o martírio é concedido a poucos". Esse modo de exprimir-se da Igreja indica claramente que o martírio, como oferta da própria vida a Cristo, não é um fato puramente humano, mas sim uma dádiva que vem do Alto, uma graça. Em outras palavras, o mártir aceita livremente a morte sob ação do Espírito Santo,

83

que o ilumina e sustenta interiormente até que ele emita o ato maior de caridade. Portanto, quando o martírio é comprovado, é certo que se trata de uma intervenção de Deus, tornando assim supérflua sua confirmação através de um milagre. Poderíamos dizer que o martírio já é, por si, um milagre que supera as forças pessoais daquele que se imola por Cristo.

Concretamente, quando se fala em milagre, do que se está falando?

No reconhecido Manual do padre Romualdo Rodrigo é proposta a seguinte definição: "Um fato religioso insólito, que supõe uma intervenção especial e gratuita de Deus e é, contemporaneamente, sinal e manifestação de uma mensagem divina ao homem e um chamado à conversão".

Santo Agostinho revelou o aspecto subjetivo do milagre, definindo-o como um fato difícil e insólito, superior à capacidade de quem o observa, desejado por Deus para confirmar uma verdade religiosa e para transmitir uma mensagem ao homem. São Tomás destacou, por sua vez, o aspecto objetivo de uma intervenção extraordinária de Deus. O acontecimento é desejado por Deus, que pode servir-se de qualquer criatura. É realizado no mundo fora da ordem material, isto é, de maneira superior às forças da natureza e não contra a ordem natural.

O próprio padre Rodrigo sintetiza os três gêneros de fatos milagrosos classificados pelos teólogos: 1) aquele que supera as forças da natureza quoad substantiam, no sentido de que a natureza não

O MILAGRE DO PAPA

pode realizar tal fato: por exemplo, que dois corpos coexistam num mesmo lugar, ou que um corpo seja glorificado. 2) Aquele que supera as forças da natureza não pelo fato em si, mas pelo sujeito no qual se realiza: por exemplo, a ressurreição de um morto ou o crescimento de uma perna ou outro membro que havia sido amputado. A natureza é capaz de gerar vida, mas não num morto, e é capaz de fazer crescer um membro, mas não se ele tiver sido amputado. 3) Aquele que supera as forças da natureza quoad modum: *por exemplo, a cura instantânea de uma grave doença, sem que se tenha feito uso de medicamentos ou outros tratamentos; o desaparecimento de uma atrofia grave; ou o fato de uma ferida cicatrizar imediatamente. A natureza pode corrigir a atrofia de um membro ou cicatrizar uma ferida, mas isso jamais acontece instantaneamente.*

De que modo é validada a veracidade de um suposto acontecimento milagroso?

A validação da veracidade é dupla: teológica e científica. A teológica tende a estudar, no processo de certificação de um milagre, se a intercessão do servo de Deus ou do beato se verificou no momento no qual a cura teve uma reviravolta extraordinária. Mas a base de tudo é mesmo um prévio julgamento científico. Para isso, os especialistas em medicina têm um papel de grande importância.

A Igreja quis assegurar um procedimento que permitisse que os especialistas pudessem expressar livremente seus pareceres. De fato, no nosso ordenamento, para a certificação dos milagres, foi estabelecido que um acontecimento prodigioso seja examinado previamente por dois peritos, que devem declarar que o caso pode ser discutido ulteriormente. E tal discussão, por sua vez, é feita por um organismo colegiado, a Junta Médica, guiada por um presidente de notória fama científica. As conclusões podem ser, assim, convincentes também para o intelecto humano. Evidentemente, a depender das circunstâncias, são escolhidos especialistas em doenças específicas, médicos que constem da lista da Congregação para as Causas dos Santos – do mesmo modo que os tribunais civis, que têm suas próprias listas de especialistas, os convocam de tempos em tempos para encarregá-los do estudo de um caso.

Que diferença há entre o milagre e a graça?

A graça é uma ajuda divina que se obtém por meio do bom êxito das atividades do homem. Tal ajuda, todavia, não se exprime como uma subversão das leis da natureza, mas sim como um "suplemento" no seio da própria natureza, uma assistência especial que Deus concede intensificando as potencialidades naturais.

O milagre, por sua vez, manifesta-se como um acontecimento que se diferencia mesmo em relação ao desenvolvimento usual da realidade. É algo que tem características bem particulares. Nas causas dos santos, geralmente são as curas e os milagres que a Cúria examina; e isso porque elas são acessíveis ao controle dos sentidos. São devidas à intervenção de Deus através da intervenção de um servo seu.

Na praxe da Congregação, é bom que se reitere, antes que o Papa declare que um fato é milagroso, toda a causa é estudada de maneira científica. Nessa fase, os médicos, de forma individual e colegiada, são chamados a declarar se uma determinada cura é na verdade inexplicável à luz da ciência médica atual. Para que uma cura seja considerada milagrosa, deve-se constatar cientificamente que ela foi instantânea, completa e duradoura.

Visto que há tanta gente implorando por graças e curas, de que modo Deus escolhe quem será atendido e quem não será?

Aqui já estamos entrando no mistério de Deus. Nós não conhecemos Seus planos na escolha de quem será atendido. Conceder uma graça ou uma cura é um ato livre de Deus. Ele nos pede total confiança. Na documentação para o estudo de um milagre, frequentemente se evidencia que Deus, através de um venerável ou de um beato, concede uma intervenção Sua em favor de pessoas dispostas a receber a dádiva da cura e, sobretudo, intencionadas a cumprir sua vontade: "Pedi e obtereis, batei e vos será aberta a porta", diz o Evangelho. A fé não só nos faz aderir à vontade de Deus, mas é uma tensão viva do homem para entrar no mistério divino.

Cronologia sintética
da vida de Karol Wojtyla

1920

No dia 18 de maio, Karol Józef Wojtyla nasce em Wadowice (Cracóvia), na Polônia. Seus pais são Karol, 40 anos, oficial do exército, e Emilia Kaczorowska, 36 anos, dona de casa. Tem um irmão, Edmund, catorze anos mais velho, e a irmãzinha Olga havia morrido seis anos antes, em tenra idade. É batizado no dia 20 de junho.

1926

Em 15 de setembro começa a frequentar a escola primária.

1929

No dia 13 de abril morre sua mãe, vítima de doença cardíaca.

1932

Em 5 de dezembro morre seu irmão Edmund, vítima de uma epidemia virulenta de escarlatina.

1938

Em 3 de maio recebe a crisma e, no mesmo mês, supera o exame de maturidade escolar. No dia 22 de junho, inscreve-se na faculdade de Filosofia da Universidade Jaguelônica, transferindo-se depois com o pai para Cracóvia.

1940

Em fevereiro conhece Jan Tyranowski, que o convida a participar do grupo "Rosário Vivente" e o introduz ao estudo dos mistérios. Em 1º de novembro começa a trabalhar na pedreira de Zakrzówek, para evitar a deportação para a Alemanha (que já ocupava a Polônia há um ano).

1941

Em 18 de fevereiro morre seu pai. Em agosto Karol acolhe em sua casa a família de Mieczyslaw Kotlarczyk, o fundador do Teatro da Palavra Viva.

1942

Durante a primavera é transferido para um estabelecimento da Solvay. Em outubro começa a frequentar, como seminarista, os cursos clandestinos da faculdade de Teologia da Universidade Jaguelônica.

1943

Em março apresenta-se nos palcos pela última vez, como protagonista de *Samuel Zborowski*, de Juliusz Slowacki.

1944

Em 19 de fevereiro é atropelado por um caminhão e é internado no hospital. Em agosto, o arcebispo de Sapieha o transfere, junto com os outros seminaristas clandestinos, para o palácio do arcebispado de Cracóvia.

1946

Em 1º de novembro é ordenado sacerdote na capela privada do cardeal de Sapieha. No dia 15 de novembro parte para prosseguir os estudos teológicos no Angelicum de Roma.

1947

Em 3 de julho passa no exame de licenciatura em teologia. No verão faz uma viagem a França, Bélgica e Holanda.

1948

Em 19 de junho defende a tese de graduação *A doutrina da fé segundo São João da Cruz* e volta à Cracóvia duas semanas depois. No dia 8 de julho é designado vice-pároco da paróquia de Niegowić. No dia 16 de dezembro a Universidade Jaguelônica ratifica seu título acadêmico de doutor em Teologia.

1949

Em agosto é nomeado vice-pároco da paróquia de São Floriano, na Cracóvia.

1951

Em 1º de setembro o arcebispo de Cracóvia, Eugeniusz Baziak, dá-lhe uma licença de dois anos para que possa se preparar para a habilitação à docência universitária.

1953

Em outubro começa a ensinar Ética Social Católica na Faculdade de Teológica da Universidade Jaguelônica. Em dezembro obtém a habilitação à docência.

1954

Torna-se professor no Seminário de Cracóvia e na Universidade Católica de Lubino.

1957

No dia 5 de novembro, é nomeado livre-docente da Comissão Central de Qualificação.

1958

Em 4 de julho é nomeado bispo auxiliar em Cracóvia. Em 28 de setembro recebe a consagração episcopal.

1960

Publica o ensaio *Amor e responsabilidade*.

1962

Logo após a morte do arcebispo Baziak, em 16 de julho, é eleito vigário capitular. Do dia 1º de outubro até o dia 8 de dezembro, participa da primeira sessão do Concílio Vaticano II.

1963

De 6 de outubro a 4 de dezembro, participa em Roma da segunda sessão do Vaticano II. Entre 5 e 15 de dezembro, dirige-se à Terra Santa em peregrinação. No dia 30 de dezembro, é designado arcebispo de Cracóvia.

1964

No dia 13 de janeiro, é publicada a bula oficial com sua nomeação como arcebispo de Cracóvia. No dia 8 de março, toma posse numa cerimônia solene na catedral de Wawel. De 14 de setembro a 21 de novembro participa em Roma da terceira sessão do Vaticano II, para depois partir novamente em peregrinação de duas semanas à Terra Santa.

1965

De 14 de setembro a 8 de dezembro participa, em Roma, da quarta e última sessão do Vaticano II.

1967

De 13 a 20 de abril participa, em Roma, da primeira reunião do Concílio para os laicos. Em 28 de junho recebe de Paulo VI o título de cardeal.

1969

Publica o ensaio *Pessoa e ato*. De 11 a 26 de outubro, participa da primeira assembleia geral extraordinária do Sínodo dos Bispos.

1972

Publica o estudo do Concílio Vaticano II *Às fontes de renovação*. No dia 8 de maio abre o Sínodo da arquidiocese de Cracóvia.

1973

De 2 a 9 de março, participa do Congresso Eucarístico na Austrália, visitando depois as Filipinas e Nova Guiné. Em maio vai à Bélgica e em novembro, à França.

1974

De 27 de setembro a 26 de outubro participa, em Roma, da terceira assembleia geral ordinária do Sínodo dos Bispos, na qual é relator da parte doutrinal.

1975

De 3 a 8 de março participa, em Roma, da primeira reunião do conselho da secretaria geral do Sínodo dos Bispos. Em setembro faz uma viagem à República Democrática Alemã.

1976

De 7 a 13 de março, prega no Vaticano os exercícios espirituais, na presença de Paulo VI; as meditações são publicadas no volume *Sinal de contradição*. De 23 de junho a 5 de setembro viaja aos Estados Unidos e Canadá.

1978

De 11 de agosto a 3 de setembro permanece, em Roma, para participar do funeral de Paulo VI, do Conclave e das cerimônias que sucedem a eleição do novo Papa João Paulo I. Em 3 de outubro volta a Roma para o funeral do Papa João Paulo I. Em 14 de outubro, entra em Conclave e, em 16 de outubro, por volta das 17h15, é eleito Pontífice, escolhendo o nome de João Paulo II. No dia 22 de outubro, celebra o solene início de seu ministério de supremo Pastor da Igreja católica. No dia 5 de novembro, vai em peregrinação à basílica de Assis e à basílica romana de Santa Maria sobre Minerva, para venerar os patronos da Itália São Francisco e Santa Catarina. Em 12 de novembro toma posse, como bispo de Roma, da cátedra de São João em Latrão.

1979

No dia 4 de março é publicada sua primeira encíclica, *Redemptor Hominis*. Em junho volta à Polônia em visita pastoral. Em outubro fala às Nações Unidas em Nova York. Em novenbro encontra o Patriarca ortodoxo Dimitrios I na Turquia.

1980

Na Sexta-feira Santa de 4 de abril, pela primeira vez, confessam alguns fiéis na basílica vaticana. No dia 30 de novembro é publicada a encíclica *Dives in Misericordia*.

1981

Às 17h19 do dia 13 de maio é vítima, na praça São Pedro, de um atentado de autoria de Ali Agca. Operado de urgência na Policlínica Gemelli, volta ao Vaticano em 3 de junho, após 22 dias de internação. De 20 de junho a 14 de agosto é constatada a necessidade de nova internação.

1982

Em maio se dirige em peregrinação a Fátima para agradecer a Nossa Senhora por sua proteção materna e para declarar, um ano após o atentado, o Ato de Consagração e de Entrega do Mundo ao Imaculado Coração de Maria. No dia 10 de outubro preside a cerimônia de canonização do padre Maximiliano Kolbe.

1983

Em 25 de janeiro promulga o novo Código de Direito Canônico. Em 25 de março abre o Ano Santo da Redenção. No dia 27 de dezembro visita Ali Agca em Rebibbia.

1984

Em 22 de abril encerra o Ano Santo da Redenção.

O MILAGRE DO PAPA

1985

Nos dias 30 e 31 de março acolhe em Roma os participantes da reunião internacional dos jovens.

1986

Em 13 de abril visita a Sinagoga de Roma. No dia 18 de maio é publicada a encíclica *Dominum et vivificantem*. Em 27 de outubro preside em Assis a Jornada Mundial de Oração pela Paz.

1987

Em 25 de março é publicada a encíclica *Redemptoris Mater*. Na vigília de Pentecostes de 6 de junho abre o Ano Mariano. Em 30 de dezembro é publicada a encíclica *Sollicitudo Rei Socialis*.

1988

No dia 21 de maio inaugura no Vaticano a casa de acolhimento Dono di Maria, confiada à Congregação de Madre Teresa de Calcutá. Em 28 de junho assina a Constituição Apostólica *Pastor Bonus* para a reforma da Cúria Romana. Em 15 de agosto encerra o Ano Mariano.

1989

Em 7 de setembro declara a Jornada de Oração pela Paz no Líbano. No dia 30 de setembro recebe a visita do primaz da Comunhão anglicana, Robert Runcie.

1990

No dia 26 de agosto, lança um apelo pela paz no Golfo Pérsico, após a invasão do Kuwait pelo Iraque. Em 7 de dezembro é publicada a encíclica *Redemptoris Missio*.

1991

Em 15 de janeiro envia uma carta ao presidente dos Estados Unidos, George Bush, e do Iraque, Saddam Hussein, para condenar a guerra no Golfo. Em 1º de maio é publicada a encíclica *Centesimus Annus*.

1992

Entre 12 e 26 de julho, é internado na Policlínica Gemelli para retirada de um tumor benigno intestinal. Em 9 de dezembro é divulgado o novo *Catecismo da Igreja Católica*.

1993

Em 9 e 10 de janeiro, preside em Assis o Encontro de Oração pela Paz na Europa e especialmente nos Bálcãs. Em 6 de agosto é publicada a encíclica *Veritatis Splendor*. Em 11 de novembro escorrega e sofre uma luxação no ombro direito, que é imobilizado por um mês com uma bandagem.

1994

Em 23 de janeiro celebra na basílica vaticana uma missa pela paz nos Bálcãs. Em 28 de abril cai e fratura o fêmur direito: é operado na Policlínica Gemelli e o período de recuperação

O MILAGRE DO PAPA

no hospital se estende até 27 de maio. Em 14 de novembro é divulgada a carta apostólica *Tertio Millennio Adveniente* com o anúncio do Jubileu do Ano 2000.

1995

São publicadas as encíclicas *Evangelium Vitae*, no dia 25 de março, e *Ut Unum Sint*, em 25 de maio.

1996

Em 22 de fevereiro, com a Constituição Apostólica *Universi dominici gregis*, reforma as regras do Conclave. De 6 a 15 de outubro é internado na Policlínica Gemelli para uma apendicectomia.

1997

Em 16 de junho envia uma carta ao primeiro-ministro israelense Benjamin Netanyahu e ao presidente da autoridade palestina Yasser Arafat pela paz no Oriente Médio.

1998

No dia 14 de setembro, é publicada a encíclica *Fides et Ratio*. Em 29 de novembro é divulgada a bula *Incarnationis Mysterium* com a qual decreta o Jubileu do Ano 2000.

1999

Com a carta apostólica *Spes Aedificandi* de 1º de outubro proclama copatronas da Europa as santas Brígida da Suécia,

Catarina de Siena e Teresa Benedita da Cruz. Na noite de 24 de dezembro abre o grande Jubileu do Ano 2000.

2000
De 24 a 26 de fevereiro se dirige em peregrinação ao Monte Sinai no Egito e, de 20 a 26 de março, vai à Terra Santa. Em 7 de maio preside a comemoração ecumênica dos "testemunhos da fé do século XX". Em 12 e 13 de maio peregrina até Fátima, onde é anunciada a revelação do chamado "terceiro segredo".

2001
Em 6 de janeiro encerra o Jubileu do ano 2000 e assina a carta apostólica pós-jubilar *Novo Millennio Ineunte*.

2002
Em 24 de janeiro preside em Assis a Jornada de Oração pela Paz no Mundo. No dia 16 de outubo, com a carta apostólica *Rosarium Virginis Mariae*, proclama o Ano do Rosário e acrescenta os cinco Mistérios "da Luz" à tradicional oração mariana.

2003
No dia 5 de março, preside uma Jornada de Oração e Jejum pela Paz. Em 23 de abril, completando 8.959 dias de pontificado, torna-se o terceiro Papa mais longevo da história (após Pio IX e Leão XIII, sem contar o caso de São Pedro). Em 17 de abril é publicada a encíclica *Ecclesia de Eucharistia*. Em 16

O MILAGRE DO PAPA

de outubro preside a solene concelebração pelo 25º aniversário de sua eleição ao pontificado.

2004

No dia 10 de junho, anuncia a celebração de um Ano Especial da Eucaristia. Nos dias 14 e 15 de agosto parte em peregrinação para Lourdes e, em 5 de setembro, para Loreto: são suas últimas duas viagens.

2005

No dia 30 de janeiro, recita pela última vez pessoalmente o *Angelus dominical*. Na noite de 1º de fevereiro volta ao Vaticano. Em 24 de fevereiro volta novamente a Gemelli, onde permanece até o dia 13 de março por causa de uma gripe. No dia 30 de março, na hora da audiência geral, aparece na janela do Palácio Apostólico para abençoar os milhares de peregrinos presentes na praça São Pedro: é a sua última aparição pública. Na tarde de 31 de março, manifesta-se uma infecção das vias urinárias que lhe provoca um choque séptico com colapso cardiocirculatório. Morre às 21h37 do dia 2 de abril, primeiro sábado do mês e às vésperas da festa da Divina Misericórdia. Viveu 84 anos, 10 meses e 15 dias e foi Papa por 26 anos, 5 meses e 17 dias.

2005-2011

No dia 19 de abril, o cardeal Joseph Ratzinger é eleito Papa Bento XVI. No dia 13 de maio, concede a dispensa da espera regulamentar de cinco anos após a morte para o início da causa de canonização de Karol Wojtyla. De junho de 2005 a abril de 2007, são celebradas a investigação principal na diocese de Roma e as rogatoriais em outras dioceses, sobre a vida, as virtudes e a fama de santidade e dos milagres de Karol Wojtyla. Em junho de 2009, examinada a respectiva *Positio*, nove consultores teólogos da Congregação para as Causas dos Santos dão parecer positivo ao mérito de heroísmo das virtudes do servo de Deus. Em novembro de 2009 a mesma *Positio* é submetida ao julgamento dos cardeais e bispos da Cúria, que se exprimem com sentença afirmativa. Em outubro de 2010 a Junta Médica da Congregação examina a investigação canônica sobre a irmã Marie Simon Pierre Normand, exprimindo-se a favor da inexplicabilidade científica da cura. Em dezembro de 2010 os consultores teólogos, após terem analisado as conclusões médicas, procedem à avaliação teológica do caso e reconhecem a intercessão de João Paulo II. Em janeiro de 2011 os cardeais e bispos da Congregação sentenciam que a cura da irmã é milagrosa. Em 14 de janeiro o Papa Bento XVI autoriza a Congregação para as Causas dos Santos a promulgar o decreto sobre o milagre atribuído à intercessão do servo de Deus João Paulo II, estabelecendo como data da beatificação o dia 1º de maio de 2011.

Oração para implorar graças
por intercessão de João Paulo II

Santíssima Trindade, te agradecemos
por ter dado à Igreja
o Papa João Paulo II
e por ter feito nele resplandecer
a ternura de sua paternidade,
a glória da Cruz de Cristo
e o esplendor do Espírito de Amor.
Ele, confiando totalmente
em tua infinita misericórdia
e na intercessão materna de Maria,
nos deu uma imagem viva
de Jesus, o Bom Pastor,
e nos indicou a santidade
como alta medida
da vida cristã ordinária
como estrada para atingir
a comunhão eterna contigo.
Concede, por sua intercessão,

segundo a tua vontade,
as graças que imploramos,
na esperança de que ele
seja logo incluído
no quadro de teus santos.
Amém.

Este livro foi impresso pela Yangraf Gráfica e Editora para a Editora Prumo Ltda.